oyatsu & sweets

低糖質だからおいしい！
「おやつ&スイーツ」

沼津りえ
Rie Numazu

活用したい食材例

カギを握っているのは、ここに集合した食材。吟味して上手に使えば、これらの持つ旨味や風味のおかげで、砂糖の甘味は減らしてもおいしく仕上がります。さらに、こういった食材には普段の食事で不足しがちなたんぱく質やビタミン、ミネラル、食物繊維など、健康的な骨や筋肉、肌、髪をつくり、老化を予防するのに欠かせない栄養がたっぷり詰まっています。

上段左から、ココアパウダー、小豆、ドライフルーツ。中段左から、ナッツ、大豆粉、チーズ。下段左から、アーモンドパウダー、ごま、ハーブ

間食しても大丈夫!
優秀なおやつ&スイーツでもっときれいに！もっと元気に！

糖質カット×不足しがちな栄養をとれる×おいしい！

　ダイエットや健康のために間食を我慢している人、多いですよね？

　普段、私たちが間食としてよく口にするケーキやクッキー、和菓子などには糖質がたっぷり。糖質は体に必要なエネルギー源ですが、とりすぎは肥満の原因ナンバーワン。さらに、肌の老化を促し、やがては生活習慣病につながる心配も……。

　きれいと元気を手に入れるためには、「糖質控えめ」が今や常識です。

　でも、おやつやスイーツを楽しむ幸せな時間をあきらめるのはちょっと辛い……。

　そこで、この本では糖質を多く含む砂糖や小麦粉の量を減らし、1食分の糖質量を10g以下に抑えたレシピをご紹介します。

　例えば一般的なショートケーキの糖質量はおよそ23.3g※ですが、この本のショートケーキは6.8g（フルーツを除く）。一般的なドーナツの糖質量はおよそ15.5g※ですが、この本のドーナツは7.2gです。

　しかも、その減らした糖質の代わりに不足しがちな栄養を補える材料を選んでいるので、より優秀！ そして、一般的に「低糖質は美味ではない」と思われがちですが、実は逆です。糖質を控えるとおいしくなるのです。

　この本で、「低糖質だからこそおいしい」という新しい世界を、ぜひ体験してください。

※「文部科学省 日本食品標準成分表2015年版（七訂） 追補2018年」に記載されている100g当たりの糖質量（炭水化物―食物繊維）をもとに、本書で紹介しているショートケーキ（1カット・54.3g／フルーツを除く）、ドーナツ（1個・36.6g／イースト使用）と同じ重量分の糖質量を算出。本書の各レシピのカロリー＆糖質量も、この資料をもとに算出しています。

低糖質がおいしい理由 ①甘味の使い方
甘さ控えめにすると、素材の持ち味が生きる!

　一般に、砂糖やはちみつ、シロップ類などの甘味料は高糖質。そこで、この本のレシピでは甘味料をぎりぎりまで減らし、ごく少量にしました。ですから、ひと口めは、いつも食べているおやつ&スイーツのようなガツンとした強い甘味はありません。

　でも、じっくり噛みしめると、ほんのりと自然な甘味や独特の風味が口の中に広がってきます。それが、素材の持ち味。ぜひ、そのやさしい味わいを楽しんでください。

　少しだけ使った砂糖などの甘味料は、「甘さ」を出すためというよりは、素材の持ち味を引き出す魔法のひとさじ。甘味料は甘さだけでなく、それぞれに独特の風味を持っています。写真はほんの一例ですが、プラスしたい風味によって、さまざまな甘味料を使い分けるのも手作りの楽しみのひとつです。

黒糖
さとうきびの搾り汁を煮詰めて濃縮する以外の加工はしていないため、カルシウムや鉄などのミネラル類、ビタミンB群が残っています。濃厚なコクや渋みを生かしたいレシピに使用

きび糖
さとうきびを精製する途中の搾り汁を煮詰めたもの。黒糖よりも量は少ないながらも、雑味や栄養が残っています。まろやかな甘味でほどよいコクがあるので、使いやすい

白砂糖(グラニュー糖、上白糖、粉糖)
精製の過程で、ミネラルなどの栄養はほぼ取り除かれています。砂糖の中で最も純度が高く、クセ、雑味がありません。こくストレートな甘味を出したいときに少量を使用します

アガベシロップ
アガベ(リュウゼツラン)の樹液から作られます。白砂糖の1.3〜1.6倍の強い甘味が特徴ですが、白砂糖に比べて血糖値を上げにくいといわれています。整腸作用が期待されるオリゴ糖も含有

はちみつ
ビタミン、ミネラル、アミノ酸、酵素、ポリフェノールなど、美容と健康にうれしい成分が豊富にそろっています。また、白砂糖よりは血糖値の上昇が緩やかで、カロリーもやや低い

メープルシロップ
メープル(カエデ)の樹液を煮詰めて作られます。ミネラルを多く含むのが特徴で、特にカリウム、カルシウム、そしてマグネシウム、マンガンが豊富。やさしいすっきりとした甘味です

低糖質がおいしい理由　②粉の選び方
白い小麦粉を減らして、大豆やアーモンドの粉を。

　小麦粉も甘味料と並んで糖質量の多い食材。そこで、一般的なレシピの小麦粉の分量の一部あるいは全量を、糖質量の少ない大豆粉やきなこ、アーモンドパウダーなどに置きかえてみました。
　すると、小麦粉にはない大豆の甘味や旨味、アーモンドの香ばしさなどが加わって、新しいおいしさが生まれました。さらに、たんぱく質やミネラル類、食物繊維など、美容や健康によいといわれる栄養がぐっと増えるというおまけのうれしい効果も！
　全粒粉やグラハム粉といった精製度の低い小麦粉は、糖質量は白い小麦粉とほとんど変わりませんが、表皮や胚芽が含まれている分、食物繊維やミネラルも豊富。血糖値の上昇も緩やかです。噛みごたえもあるので、じっくりと噛みしめるうちに、より甘さや素材の風味が感じられるようになります。

大豆粉
生の大豆を粉末状に挽いた粉。たんぱく質や食物繊維、ビタミンB群、イソフラボンなどが豊富。非加熱で加工しているので、加熱して使用します

きなこ
大豆を炒ってから細かく粉砕したもの。栄養は大豆粉とほぼ同じ。加熱しなくても、そのまま食べられます。仕上げにふりかけたり、飲み物に溶かして

アーモンドパウダー
生あるいは炒ったアーモンドを、細かく粉砕したもの。食物繊維やミネラル類が豊富。独特の香ばしさが、お菓子の風味をより高めてくれます

薄力粉
小麦粉の中でもお菓子作りに多く用いられるのが薄力粉。表皮や胚芽は取り除いた胚乳部分のみが原料です。ビタミンやミネラルの量はごくごく微量

グラハム粉
小麦の胚乳と、表皮および胚芽に分けて加工。胚乳は普通の小麦粉と同様に挽きます。表皮と胚芽は別に粗挽きにして、両方を混ぜ合わせたもの

全粒粉
小麦の表皮、胚芽、胚乳をすべて粉にしたもの。薄力粉よりも食物繊維をはじめ、鉄や亜鉛などのミネラル類、ビタミンB群などの含有量が高い

oyatsu & sweets

低糖質だからおいしい！「おやつ&スイーツ」

沼津りえ
Rie Numazu

contents

優秀な「おやつ&スイーツ」で
もっときれいに！ もっと元気に！ ………… 3
低糖質がおいしい理由 ①甘味の使い方 ………… 4
低糖質がおいしい理由 ②粉の選び方 ………… 6
"りえ本"のレシピの基本を知る。………… 10

CHAPTER 1
定番のお菓子 ………… 12

- シフォンケーキ ………… 14
- シフォンケーキのバリエーション ………… 16
- ガトーショコラ ………… 18
- スフレ・チーズケーキ ………… 20
- ベイクド・チーズケーキ ………… 22
- お豆腐ドーナツ ………… 24
- ロールケーキ ………… 26
- シュークリーム ………… 28
- ナッツのタルト ………… 30
- ショートケーキ ………… 32

CHAPTER 2
焼き菓子 ………… 34

- ビスコッティ ………… 36
- パウンドケーキ ………… 38
- 焼きメレンゲ ………… 40
- ダックワーズ ………… 42
- 大豆粉ブッセ ………… 44
- きなこのナッツドロップクッキー ………… 46
- フロランタン ………… 48

CHAPTER 3
ひんやり＆あつあつデザート ……… 50

フォンダン・ショコラ ……… 52
スフレ・パンケーキ ……… 54
ミルクティースフレ ……… 56
豆乳ベリーアイス ……… 58
ヨーグルト・ジェラート ……… 60
なめらかティラミス ……… 62
レモンジェリー ……… 64

CHAPTER 4
甘くないおやつ ……… 66

おからブレッド ……… 68
アボカド・スコーン ……… 70
ドライトマトのグリッシーニ ……… 72
黒ごま塩サブレ ……… 74
ハーブ・クッキー ……… 75
黒豆ショートブレッド ……… 76
スパイシーナッツ ……… 78
パクチーパリパリチーズ ……… 80
ずんだチーズキューブ ……… 81

CHAPTER 5
エナジースイーツ＆野菜スイーツ ……… 82

エナジーバー ……… 84
ドライフルーツ＆ナッツボール ……… 86
黒ごまのチュイール ……… 88
ブロッコリーとパセリのレアチーズケーキ ……… 90
ビーツのモンブラン ……… 92
カラフルミニトマトのゼリー ……… 94
パプリカの2色ムース ……… 96
長いものスチームケーキ ……… 98

CHAPTER 6
ほっこり和スイーツ ……… 100

甘酒ようかん ……… 102
抹茶と米粉のスチームケーキ ……… 104
干し柿のくず餅 ……… 106
くるみたっぷりのゆべし ……… 108
歯ごたえ小豆 ……… 110
豆腐白玉団子 ……… 112
黒ごま豆乳プリン ……… 114

RIE's COLUMN ……… 116
RIE's WISH ……… 126

はじめての人も安心!
作り始める前に、"りえ本"のレシピの基本を知る。

この本のレシピにトライする前に、まず知っておいてほしい事項をまとめました。
おやつ＆スイーツ作りのカギは、実は下準備や材料選びにあります。作り始める前に必ずチェックしましょう。

Q&A

Q1
卵（全卵、卵黄、卵白）はどうしてグラムで表記されているの？

卵は1個、2個というように個数で記載されているレシピも多いですが、この本ではグラムで表記しています。なぜなら、卵の大きさは、個々にかなりばらつきがあるから。なかには、S・M・Lというようにサイズで分けて販売しているものもありますが、近年はサイズ表記がないものも多いですし、同じL玉でもグラム数が同じとは限りません。

また、メレンゲを使ってふんわりと焼き上げたいときなど、卵の分量が仕上がりの膨らみ方や質感に繊細に影響するレシピも多いので、卵は、グラムを正確に量るようにしましょう。

一般に、L玉を割って殻を取り除いたときの、1個当たりの重量の目安は全卵60g、卵黄20g、卵白40g。ボウルに割り入れて計量したら、過不足を調整しましょう。残ったら、別のお菓子や料理に利用して。

Q2
砂糖の分量表記は、レシピにより、「グラム」、「小さじ」などがあるのはなぜ？

卵を泡立ててふっくら仕上げたい生地の場合、砂糖の量はその泡立ちや保形性に関わります。分量を正確に量ってほしいのでグラム表記に。一方、寒天やアイスクリームなど、甘味としてのみ加える場合は、それほど量にシビアにならなくてもOK。手軽に作れるほうを優先して、小さじや大さじで表記しています。

Q3
材料表に「オイル」とあったら、どのオイルを選んでも大丈夫？

この本のレシピで使用するオイルはごく少量ずつなので好みのものでかまいませんが、原則として、できあがりの色や味を邪魔しない透明で香りのないものを選びましょう。私は、太白ごま油（焙煎せずに搾った香りのないごま油）やグレープシードオイルをよく使います。そのほか、紅花油やキャノーラ油などでもOK。オリーブオイルは香りが強いので不向きです。

Q4
砂糖の種類にもいろいろあるけれど、どんな砂糖を使うべき?

　お菓子作りでは、目指す食感や風味により使い分けるのが一般的です。しっとり感には上白糖、サクサク感は粉糖、ふんわり焼き上げたいときはグラニュー糖、など。でも、この本のレシピで使用する砂糖はごくわずか。種類による違いはあまり出ないので、特記してあるレシピ以外は、家にある好みの砂糖でOKです。

Q5
作りながら材料を量ってもOK?

　作業の途中で計量すると、時間がたってしまい、せっかく泡立てた気泡がつぶれるなど、失敗の原因に。作り始める前に、必要な材料を分量どおりに量っておくのはもちろんのこと、材料の右や下に「＊」印で書き添えられている下準備も必ず行い、すぐに使えるようにしておきましょう。

Q6
全卵を加えるときは、材料のボウルに卵を割り入れてよい?

　全卵はほかの材料に混ぜ合わせる前に、必ず別のボウルに割り入れ、卵白のコシを切るようにして、ときほぐしておきましょう。また、全卵を泡立てるときは、卵黄と卵白を別々に泡立てるよりも泡立ちにくいもの。冷たい卵はさらに泡立ちにくいので、使用する2～3時間前に冷蔵庫から取り出しておくこと!

Q7
「室温でやわらかくしたバター」とはどんな状態のことを指す?

　「室温でやわらかくしたバター」とはへらで押してつぶせるくらいの固さ。泡立て器で混ぜたときに、なめらかなクリーム状になる程度です。冷蔵庫にあったバターは固いので、卵や砂糖とうまく混ざりません。23～25℃くらいの部屋で1時間程度を目安に季節に合わせて調整を。冬は暖房をつけた部屋に置くなど工夫を。

Q8
オーブンはどのタイミングで予熱をスタートする?

　泡立てた気泡は時間とともにつぶれてしまいます。ふんわりと膨らませたい生地は、生地作りが終わったらすぐにオーブンに入れられるよう、泡立て作業開始前に必ず予熱をスタート。また、オーブンに入れる際は庫内の温度が下がらないようできるだけ素早く!もちろん、焼いている途中に扉を開けるのは厳禁です。

Q9
専用の型がないと作れませんか?

　型を使用するものは、まずは手軽な100円均一ショップなどで販売されている紙製の使い捨ての型で作ってみては? 何回か作って自分の定番レパートリーにしたいと思ったら、専用の型を購入してもよいでしょう。ロールケーキ(p.26)など、型を使わないレシピからトライするのも、初心者にはおすすめです。

CHAPTER 1
定番のお菓子

ショートケーキをはじめ、定番のお菓子はやはり人気ですが、
小麦粉や甘味に頼っているレシピも多く、
ダイエットや健康に目を向けると糖質量が高いのが気になります。
そこで、材料を変えたり、素材の持ち味を引き出す工夫で糖質を大幅カット！
しかも、さらにおいしくなるという、いいことづくめです。

ふわふわ食感とやさしい甘味を楽しみたい。

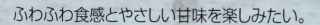

シフォンケーキ

シフォンケーキならではの、なめらかな口あたりは、メレンゲをしっかりと立てるのがポイント。
p.119で紹介する泡立てのコツをおさえて、ふんわり&しっとりを目指しましょう。
小麦粉の代わりに使用した大豆粉にはほんのりとやさしい甘味があるので、
テーブルに出すときに好みで添えるクリームは、無糖のままがおすすめです。

RECIPE

材料
（直径13〜14cmの紙製シフォン型1台分）
（容量80mlのケーキ用紙カップで作る場合は12個分）

- A ┌ 卵黄……40g
  └ 砂糖……15g
- オイル(好みのもの)……25ml
- 水(豆乳・牛乳でも)……50ml
- B ┌ 大豆粉……50g
  └ ベーキングパウダー……小さじ1/2
- C ┌ 卵白……120g
  └ 砂糖……30g
- 飾り用くるみ(素焼き・食塩不使用)……適量

作り方
① Aをボウルに入れて白っぽくなるまで泡立て器ですり混ぜる。オイルを少量ずつ加えながらよく混ぜ、水を加えてさらに混ぜる。Bの粉類をふるいながら加え、泡立て器で混ぜる。
② オーブンを170℃に予熱する。
③ Cでメレンゲを作る(p.119)。
④ ①に③のメレンゲを1/3量ずつ加える。1回目はしっかり混ぜ、2回目は"すくってトントン(p.120)"で混ぜる。1/3量が残ったメレンゲのボウルに戻し入れて、さらにすくってトントンで混ぜる。
⑤ 型に流し入れてくるみを散らし、予熱したオーブンで25〜30分(紙カップの場合は15分)焼く。竹串を刺して何もつかなければ焼き上がり。逆さま※にして(下の写真)冷ます。

※紙カップを使用する場合は、逆さまにしなくてOK。

FINISHING

トッピングはくるみのほか、好みのナッツでも楽しんで。
ごま、かぼちゃの種、ひまわりの種なども香ばしくておすすめです。

 Rie's advice

メレンゲの気泡がつぶれてしまうと膨らみが足りなくなるので、混ぜすぎに注意。ただし、逆に混ぜ方が足りないと空洞ができて口あたりの悪い仕上がりに。メレンゲを混ぜ終えた時点で、ボウルを傾けるとゆったりと流れ落ちてくる生地が理想です。モコモコした固まりの状態は混ぜ不足。サラーッと流れてしまうのは混ぜすぎ。

TECHNICAL POINT

焼き上がったら、すぐに上下を逆さまにして、ワインボトルなどに差しておくと、しぼみにくくなります。また、紙の型のほうがアルミの型より手軽で、失敗なく焼き上がります。

● ヘルシーメモ

大豆粉を使って糖質を抑えました。
大豆からたんぱく質をとることができます。

●1食分〈1/8カット〉　カロリー・121kcal　糖質量・6.7g

Variation
シフォンケーキのバリエーション

好みのフレーバーを楽しんで!
紙カップで作ればギフトやランチにも

Café au Lait
カフェオレ

Lemon
レモン

●1食分〈1個〉　カロリー・76kcal　糖質量・4.5g

●1食分〈1個〉　カロリー・71kcal　糖質量・4.4g

**アーモンドの香ばしさがアクセント。
豆乳を使ってもおいしい!**

p.15の材料の水をカフェオレに置きかえます。コーヒーはインスタントコーヒー（粉末）を使うと、風味が濃く仕上がります。牛乳に小さじ1程度を加え、電子レンジ（600W／30秒）で溶かします。トッピングにはスライスアーモンドを。

**レモンの酸味で爽やかに!
オレンジなど、ほかの柑橘類でも**

無農薬のレモン果皮をすりおろして、p.15の作り方④でできた生地に加えます。レモン果皮の分量は1/4個分が目安ですが、好みで調整を。トップにはスライスしたレモン（1枚を4等分したもの）を2枚のせて焼きます。

●p.15の材料からの変更点　※基本の材料と作り方はp.15参照

「水……50ml」→「牛乳……50ml」に変更
「インスタントコーヒー……小さじ1」を追加
「飾り用くるみ……適量」→「スライスアーモンド……適量」に変更

「レモン果皮（すりおろし）……適量」を追加
「飾り用くるみ……適量」→「レモン（スライス）……6枚」に変更

具材を工夫したり、加える水分を変えたりして自由にアレンジ。
紙のカップ（必ずオーブン可のものを使用）で作れば持ち歩きもでき、ギフトやランチにおすすめです。
食べるときはまわりの紙をビリビリッと破いてもOK。
カジュアルに楽しんで。

Milk Tea
ミルクティー

Cheese & Pepper
チーズペッパー

●1食分〈1個〉　カロリー・74kcal　糖質量・4.6g

紅茶の香りとミルクのコクで
ほっこり、やさしい気分に

p.15の材料の水をミルクティーに置きかえます。ミルクティーは、牛乳に紅茶葉を加え、電子レンジ（600W／30秒）で加熱すれば簡単に作れます。p.15の作り方④でできた生地に茶葉ごと加えます。

●1食分〈1個〉　カロリー・76kcal　糖質量・4.4g

こしょうをきかせた大人テイスト。
朝ごはんやお弁当にもおすすめです

p.15の作り方④でできた生地に、すりおろしたパルメザンチーズ（または粉チーズ）を大さじ2程度加えます。カラフルペッパーは好みの量を。ミルでガリガリッと砕いてトップに散らし、焼き上げます。

「水……50ml」→「牛乳……50ml」に変更
「紅茶葉……小さじ1」を追加
「飾り用くるみ……適量」を削除

「パルメザンチーズ……大さじ2」を追加
「カラフルペッパー……適量」を追加
「飾り用くるみ……適量」を削除

小麦粉もチョコレートも使わない!
Gâteaux Chocolat
ガトーショコラ

チョコレートには砂糖が入っているので、無糖のココアパウダーを使用。バターでコクをプラスします。
添えるクリームにも砂糖は加えず、牛乳の自然な甘味とカカオのコンビネーションを味わいましょう。
焼き立てはふんわり、冷やすとしっとり。食感の変化も楽しんで。

RECIPE

材料
(直径15cmの丸型1台分)

バター(食塩不使用)……30g ＊室温でやわらかくしておく
砂糖……10g
卵黄……40g
生クリーム……50ml
A ┌ ココアパウダー(無糖)……20g
　└ アーモンドパウダー……20g
ラム酒……小さじ1
B ┌ 卵白……80g
　└ 砂糖……20g
仕上げ用ココアパウダー(無糖)……適量

作り方
① 型にオーブンペーパーを敷いておく。
② やわらかくしたバターに砂糖を入れ、泡立て器でよく混ぜる。
③ 卵黄を加えてよく混ぜる。
④ 生クリームを少しずつ加え、その都度よく混ぜる。
⑤ Aの粉類をふるいながら加えて混ぜ、ラム酒を加える。
⑥ オーブンを180℃に予熱する。
⑦ Bでメレンゲを作る(p.119)。
⑧ ⑤に⑦のメレンゲを1/3量ずつ2回加え、その都度"すくってトントン(p.120)"で混ぜる。1/3量が残ったメレンゲのボウルに戻して、さらにすくってトントンで混ぜる。
⑨ オーブンペーパーを敷いた型に流し入れ、表面を平らにして型の少し内側にぐるりと菜箸で円を描き(p.122)、予熱したオーブンで25分焼く。型から取り出して冷ます。
⑩ 仕上げにココアパウダーをふる。

FINISHING

仕上げにココアパウダーをふると、よりカカオの風味がアップ。
好みで泡立てた生クリームを添えてもよいですが、
このままでも満足のいくおいしさ!

Rie's advice

バターは必ず、あらかじめ室温に置いておき、マヨネーズくらいのやわらかさにしたものを使います。ただし、溶かしすぎないよう注意。一度溶けたものを使用すると、焼き上がったときに油が出やすくなり、食感も悪くなります。

TECHNICAL POINT

卵黄を加えたら、白っぽくなるまですり混ぜます。室温が低いときは、ボウルの底を少し湯煎(50〜60℃のやや熱めでさっと砂糖を溶かす程度)すると泡立てやすくなります。

● ヘルシーメモ
砂糖の量は通常のガトーショコラの1/3〜1/2。
小麦粉不使用だから、全体の糖質は約1/4。

●1食分〈1/8カット〉　カロリー・116kcal　糖質量・4.7g

軽いのに、食べごたえ十分。
Soufflé au Fromage

スフレ・チーズケーキ

ふんわりとして、なめらかな口あたりが魅力のスフレ・チーズケーキ。
チーズの濃厚な味わいと爽やかなレモンの酸味のバランスも絶妙です。
クリームチーズと大豆粉を使うことで、濃厚なコクと旨味が詰まったおやつに。

RECIPE

材料
（15cmの丸型1台分）

クリームチーズ……150g　＊室温でやわらかくしておく
砂糖……15g
バター（食塩不使用）……20g　＊室温でやわらかくしておく
卵黄……40g
レモン汁……大さじ1
大豆粉……20g
A ┌ 卵白……80g
　└ 砂糖……15g

作り方
① 型にオーブンペーパーを敷いておく。
② ボウルにやわらかくしたクリームチーズを入れ、泡立て器で混ぜてなめらかにする。砂糖、やわらかくしたバター、卵黄、レモン汁、大豆粉の順に加え、その都度よく混ぜる。
③ オーブンを170℃に予熱する。
④ Aでメレンゲを作る（p.119）。
⑤ ②に④のメレンゲを1/3量ずつ2回加え、その都度、"すくってトントン（p.120）"で混ぜる。最後に1/3量のメレンゲが残ったボウルに戻して（下の写真）、さらにすくってトントンで混ぜる。
⑥ オーブンペーパーを敷いた型に生地を流し入れ、予熱したオーブンで35分湯煎焼き※する。

※湯煎焼き：型をのせた天板に、型が底から2cmくらいまで浸かるよう熱湯を注ぎ入れて、オーブンへ。底が抜ける型の場合は、アルミホイルで底を包んでおおうこと。

TECHNICAL POINT

作り方⑤で最後に残った1/3量のメレンゲに生地を戻す際には、メレンゲの気泡を壊さないようにやさしく、そして手早く混ぜ合わせます。

FINISHING

カットしたとき、断面をチェックしてみましょう。
気泡の大きさがそろっていれば大成功！
なめらかな口あたりに焼き上がっている証拠です。

● ヘルシーメモ
小麦粉を大豆粉に置きかえて糖質オフ。
大豆粉とクリームチーズからはたんぱく質がとれます。

●1食分〈1/8カット〉　カロリー・134kcal　糖質量・4.7g

材料を混ぜ合わせたら、型に流して焼くだけ!

Baked Cheese Cake

ベイクド・チーズケーキ

小麦粉の代わりにアーモンドパウダーを使用し、深みのある味わいに。
クリームチーズをなめらかにして、口あたりよく仕上げます。
焼き色をしっかりつけた素朴なルックスも魅力です。

RECIPE

材料
(15cm×15cmの角型1台分)

クリームチーズ……200g
＊室温でやわらかくしておく
砂糖……30g
全卵……100g　＊ときほぐしておく
生クリーム……200ml
アーモンドパウダー……50g
レモン汁……大さじ1

作り方

① オーブンを180℃に予熱する。型にオーブンペーパーを敷いておく。
② やわらかくしたクリームチーズをボウルに入れ、砂糖を3回に分けて加えてなめらかになるまでよくすり混ぜる(左下の写真)。ときほぐした卵液、生クリーム、アーモンドパウダー、レモン汁の順に加え、その都度よく混ぜ合わせる。
③ オーブンペーパーを敷いた型に流し入れ、180℃に予熱したオーブンで30分焼く。
④ 型に入れたまま冷ます。

TECHNICAL POINT

クリームチーズを泡立て器でよく混ぜ、なめらかにしておくのがポイント。空気を含ませて泡立てるのではなく、ぐるぐるとボウルの底に円を描くようにしながら、砂糖の粒子が見えなくなるまで混ぜます。

Rie's advice

小麦粉を使用していないので、焼き立てはやわらかく、型崩れしやすいお菓子です。型に入れたまま粗熱を取り、冷蔵庫で冷ましてから取り出しましょう。

● ヘルシーメモ

小麦粉をアーモンドパウダーに置きかえて糖質オフ。
卵、チーズ、生クリームはたんぱく質豊富。

● 1食分〈1/9カット〉　　カロリー・236kcal　　糖質量・5.2g

ダイエット中も罪悪感なく食べられる。

Tofu Doughnuts

お豆腐ドーナツ

小麦粉の量を減らし、代わりに大豆粉を使うことで糖質大幅ダウン。豆腐に含まれる水分のおかげで、揚げても中身はしっとりしています。砂糖はかなり控えていますが、噛みしめると大豆の甘味が。

RECIPE

材料
(直径6〜6.5cmのドーナツ型8個分)

豆腐(絹ごし)…100g
オイル(好みのもの)……大さじ1
ドライイースト……小さじ1
ぬるま湯(約35℃)……大さじ1
A ┌ 大豆粉……100g
　├ 強力粉……50g
　├ 砂糖……大さじ1
　└ 塩……小さじ1/4
揚げ油……適量

作り方

① 豆腐とオイルを合わせておく。イーストとぬるま湯を合わせておく。
② Aの粉類をボウルに入れて軽く混ぜ、①を加えて混ぜる。ひとまとめにし、表面がなめらかになるまで約5分捏ねる(下の写真)。
③ きれいに丸めてボウルに入れ、上からラップをして30分発酵させる。
④ 8個に分割し、それぞれ軽く丸め、ラップをかぶせて10分生地を休ませる。
⑤ 生地をドーナツの抜き型よりひと回り大きく平らに延ばして型抜きし、ラップをかけずに20分発酵させる。
⑥ 160℃に熱した油でじっくり両面を揚げる。

Rie's advice

豆腐の水分量により生地の固さが変わってくるので、ぬるま湯の量は生地の状態を見て調整しましょう。捏ね上がりの目安は耳たぶくらいの固さです。また、型抜きしたあとに生地を発酵させる際、ラップをしない理由は「乾燥させるため」。生地を乾燥させたほうが揚げたときにきれいなきつね色になります。ドーナツ型がない場合は、大小のコップなどで型抜きを。

TECHNICAL POINT

生地を捏ねる際は、指先ではなく手首に近い部分を使いましょう。捏ね時間の目安はおよそ3〜5分。きれいにまとまるまで捏ねますが、パンの生地ほど、表面をなめらかにすることにこだわらなくても大丈夫です。

● ヘルシーメモ

豆腐にはたんぱく質のほか、女性の健康に欠かせないイソフラボンも含まれます。

●1食分〈1個〉　カロリー・111kcal　糖質量・7.2g

子ども向けお菓子クラスでも一番人気の簡単さ!

Swiss Roll

ロールケーキ

メレンゲさえきれいに立てられていれば誰でも失敗なし!
好みのクリームを組み合わせて、バリエーションを楽しんで。
持ち寄り食事会のデザートに、ちょっとしたギフトにと大活躍です。

RECIPE

材料
（直径6cm×長さ18〜20cmのロールケーキ1本分）

A ┌ 卵白……80g
　└ 砂糖……20g
卵黄……40g
B ┌ アーモンドパウダー（無糖）……20g
　└ 薄力粉……10g
好みのクリーム（下記参照）

※ココア生地を作る場合は、アーモンドパウダー20gのうちの5gをココアパウダー（無糖）に置きかえる。

〈クリームのバリエーション〉

チーズクリーム
生クリーム……大さじ2
クリームチーズ……50g
砂糖……小さじ1（加えなくても可）
レモン汁……小さじ1/2
● 室温でやわらかくしておいたクリームチーズに砂糖、レモン汁を加え、八分立てに泡立てた生クリームと合わせる。

チョコクリーム
生クリーム……50ml
ココアパウダー（無糖）……5g
砂糖……小さじ1（加えなくても可）
● ココアパウダーに砂糖を合わせて熱湯（小さじ1・分量外）を加えて溶き、八分立てに泡立てた生クリームと合わせる。

作り方
① オーブンを190℃に予熱する。
② Aでメレンゲを作り（p.119）、卵黄を加えて、"すくってトントン（p.120）"で混ぜる。
③ Bの粉類をふるいながら②に加え、すくってトントンで混ぜる。
④ オーブンペーパーを敷いた天板の上に生地を流し、ゴムべらで18×20cm程度の長方形に延ばす。予熱したオーブンで9分焼く。
⑤ 焼き上がったら、網の上にのせ、スポンジが乾燥しないようにふきんをかけて冷ます。
⑥ スポンジが冷めたら、新しいオーブンペーパーの上に裏返してのせ、生地を焼いたときのオーブンペーパーははがす。好みのクリームをスポンジの表面に延ばして巻く（下の写真）。

Rie's advice
写真は基本のスポンジにチーズクリーム、ココア生地にチョコクリームを使用していますが、生地とクリームの組み合わせは好みで。ココア生地とプレーンな生クリームの組み合わせも美味です。なお、上のレシピでは、生地に使用する粉は「アーモンドパウダー20g＋薄力粉10g」としていますが、「大豆粉30g」に置きかえてもOKです。

TECHNICAL POINT
スポンジにクリームを延ばしたら、いきなり巻かずに、手前を少し折るようにして芯を作り、その芯を手前から奥に転がして巻いていきます。巻き終わりは写真のようにめん棒を添え、きゅっと締めて。

● ヘルシーメモ
薄力粉は減らしてアーモンドパウダーに。
クリームに加える砂糖は控えめに。

プレーン生地×チーズクリーム	●1食分〈1/10カット〉	カロリー・74kcal	糖質量・3.4g
ココア生地×チョコクリーム	●1食分〈1/10カット〉	カロリー・67kcal	糖質量・3.5g

コツさえつかめば、難しそうなシュー皮も大丈夫。

Choux à la Crème

シュークリーム

砂糖を加えずに泡立てた生クリームは、牛乳本来の甘味が生きたすっきりとした味わい。
フルーツのやさしい甘味とのコンビネーションで新しいおいしさを発見できます。
オレンジのほか、いちごやブルーベリー、ぶどうやメロンでも。

RECIPE

材料
〈15個分〉

A ┌ バター（食塩不使用）……30g
  │   ＊1cm角に切り、室温でやわらかくしておく
  │ 水……50ml
  │ 砂糖……小さじ1
  └ 塩……ひとつまみ
B ┌ 強力粉……25g
  └ アーモンドパウダー……25g
全卵……90g前後　＊ときほぐしておく
生クリーム……100ml
オレンジ……2個
飾り用ミントの葉……15枚

TECHNICAL POINT

（上）水が沸騰するのと同時にバターが完全に溶けきるよう、あらかじめ室温でやわらかくしておきます（マヨネーズ状ではなく形が残っている程度）。冷たいバターを溶かそうと長く沸騰させると水分量が減ってしまい、生地が固く膨らみにくくなります。
（下）木べらで生地を持ち上げたとき、ひとかたまりのまま、ゆっくり木べらからはがれ落ちる程度の固さになっていればOK。

● ヘルシーメモ
強力粉の一部をアーモンドパウダーに置きかえて、糖質オフ。アーモンドには食物繊維も含まれます。

作り方
① オーブンを200℃に予熱する。
② 小鍋にAを入れて中火にかけ、沸騰したら火を止めて（左の写真／上）、Bを一気に入れ、木べらでねり混ぜる。生地がまとまってきたら弱火にする。
③ 弱火のまま木べらでかき混ぜ続け、鍋底に薄い膜がはり、生地が半透明になるまで火を入れてまとめる（左の写真／下）。
④ 火からおろし、ときほぐした卵液を少しずつ加え（加えた卵液が生地に馴染んだら、次の卵液を入れる）、その都度木べらでよく捏ねながら混ぜる。混ぜ方が足りないと膨らみにくくなるのでしっかりと。ただし手早く。混ぜ終わった際に　生地がまだほんのりと温かいのが理想（卵は、冷たいまま加えると一気に温度が下がるので、必ず常温にしておくこと）。
⑤ 丸口金（口径1cm）をつけた絞り袋に入れ、オーブンペーパーを敷いた天板の上に直径3〜4cmの大きさで15個に絞る。
⑥ 予熱したオーブンで13分焼いたあと、180℃に下げてさらに約7分焼く。焼き上がりの目安は、表面がカリッと固くなり、持ってみたとき軽さを感じられること。
⑦ 焼き上がったシュー皮を冷ましてからカットし、切れ目に泡立てた生クリームを絞り入れる。皮と薄皮をむいたオレンジをサンドし、ミントの葉を飾る。

Rie's advice

シュー生地を上手に膨らませるポイントは、焼き始めにしっかり高温（200℃）を保って、表面を一気に焼き固めること。小さいオーブンの場合、生地を入れる際に扉を開けることで、庫内の温度が大きく下がってしまうため、予熱した温度よりも低くなっている可能性が。うまく膨らまない場合は、レシピより少し高めの 210〜220℃に予熱し、生地を入れたあとに200℃に戻すというのもテクニックのひとつです。

●1食分〈1個〉　カロリー・60kcal　糖質量・2.4g

生地を冷凍しておくと大活躍！

Nut Tart

ナッツのタルト

このタルト生地を作って冷凍しておけば、食べたいときに解凍してすぐに作れます。
生のりんごやドライフルーツをのせてアレンジを。
型抜きすればクッキーとしても使用できます。

RECIPE

材料
(ミニタルト型16個分)

バター(食塩不使用)……50g　＊室温でやわらかくしておく
砂糖……20g
全卵……30g　＊ときほぐしておく
A┌ アーモンドパウダー……50g
　├ グラハム粉……30g
　└ 薄力粉……50g
好みのナッツ(素焼き・食塩不使用)……適量

アーモンドクリーム

バター(食塩不使用)……40g　＊室温でやわらかくしておく
全卵……40g　＊ときほぐしておく
アーモンドパウダー……40g
砂糖……30g
ラム酒……小さじ1
● すべての材料をよく混ぜ合わせる。

作り方
① 型にバター(分量外・適量)を薄くぬり、強力粉(分量外・適量)を薄くはたいて、冷蔵庫で冷やしておく。
② やわらかくしたバターに砂糖を加え、泡立て器でよく混ぜる。さらにときほぐした卵液を3回に分けて入れ、その都度混ぜる。Aの粉類を加えたらゴムべらに替えて、粉っぽさがなくなるまで混ぜる。生地をひとまとめにしてラップに包み、冷蔵庫で半日以上休ませる。
③ オーブンを180℃に予熱する。
④ ②を厚さ3〜4mmに延ばしてタルト型に敷き(左下の写真)、底にフォークなどで穴を開ける。
⑤ アーモンドクリームを詰めて好みのナッツを散らし、予熱したオーブンで15分焼く。

※左記の材料で約230gのタルト生地ができる。p.49のフロランタン、p.92のビーツのモンブランに使用する場合は、そこから必要量を取り分ける。

TECHNICAL POINT

型よりひと回り大きくナイフで切ります。指先で型の底と側面に生地をきっちり添わせるよう押さえつけると、底が安定し、側面もきれいに仕上がります。

Rie's advice

サクッとした食感が魅力のタルト。バターを混ぜる際は、空気をなるべく含ませないようすり混ぜます。空気を多く含ませると生地がもろくなり、割れやすくなります。また、型に敷く前に生地を休ませたほうが扱いやすいので、少なくとも半日前、できれば前日に仕込んで冷蔵しておくとよいでしょう。

● ヘルシーメモ

アーモンドは老化予防に役立つビタミンEを豊富に含みます。

 ●1食分〈1個〉　カロリー・125kcal　糖質量・7.3g

アーモンドパウダーと大豆粉のスポンジで風味も抜群。

Shortcake

ショートケーキ

アーモンドパウダーと大豆粉を使うことで糖質を抑えられるのはもちろん、
一般的な小麦粉の生地よりも風味豊かになります。
スポンジのおいしさをじっくり味わって。

RECIPE

材料
(直径15cmの丸型1台分)

A ┌ 全卵……120g ＊ときほぐしておく
　└ 砂糖……30g
バニラエッセンス……3～4滴
B ┌ 牛乳……20ml
　└ バター(食塩不使用)……15g
C ┌ 大豆粉……30g
　└ アーモンドパウダー……10g
生クリーム……150ml
好みのフルーツ、ミントの葉……適量

作り方
① オーブンを170℃に予熱する。型にオーブンペーパーを敷いておく。
② Aをボウルに入れて軽く混ぜ合わせ、ボウルの底を40℃で湯煎する(生地の温度が34℃くらいになるまで)。湯煎からはずし、泡立て器を使って、白っぽくもったりするまで泡立てる(下の写真)。バニラエッセンスを加える。
③ Bを耐熱容器に一緒に入れて湯煎で溶かしておく。
④ Cの粉類をふるいながら②に加え、"すくってトントン(p.120)"で混ぜ合わせる。
⑤ ③で溶かしたBを、ゴムべらに当てながら④に入れ、すくってトントンでさらに混ぜる。
⑥ 生地につやが出たら、オーブンペーパーを敷いた型に⑤を流し入れて表面を平らにし、型の少し内側にぐるりと菜箸で円を描き(p.122)、予熱したオーブンで25～30分焼く。
⑦ 焼き上がったら型からスポンジを取り出し、オーブンペーパーをはがし、ふきんをかけておく。

仕上げ
● スポンジを上下2枚にスライスする。下側のスポンジに泡立てた生クリームをぬり、カットしたフルーツを並べてサンドする。生クリームを表面全体にぬり、フルーツを飾ってミントの葉を添える。

FINISHING

サンドするフルーツは薄くスライスし、
ペーパータオルの上に並べて水気をしっかりと
取り除いておきましょう。

小麦粉を使わないことで、冷めてもスポンジが固くなりにくく、しっとりとした質感が長持ちします。生地に使用している粉「大豆粉30g+アーモンドパウダー10g」は「大豆粉20g+アーモンドパウダー20g」など、好みの割合に変更してもOKです。

TECHNICAL POINT

全卵をしっかりと泡立てるのがふんわり感のポイント。泡立て器で持ち上げたときに垂れた生地で、ボウルの中の生地の上に8の字が描け、しばらく消えずに残っているくらいの固さを目指して。

● ヘルシーメモ
小麦粉不使用で糖オフ。
フルーツも糖質の少ないベリー類に。

　カロリー・219kcal　糖質量・8.3g

CHAPTER 2
焼き菓子

小麦粉の代わりにアーモンドパウダーや大豆粉を使った低糖質のお菓子は、
「甘いものが食べたい!」という欲求を罪悪感なく満たしてくれる強い味方。
焼き菓子なら日持ちするので、週末に作り置きできます。
かわいくラッピングして、美容や健康が気になるお友だちへのギフトにも。

2度焼きした軽い食感がポイント。

Biscotti

ビスコッティ

ビスコッティはイタリアの伝統菓子。飲み物に浸して食べるのが定番です。
なかでも濃いめのコーヒーとの相性は抜群。
そのほか、ホットミルクや紅茶に浸す、クリームチーズをつける、などの食べ方もおすすめです。

RECIPE

材料
(15本分)

A ┌ アーモンドパウダー……70g
  │ 薄力粉……20g
  │ ココアパウダー(無糖)……10g
  └ 砂糖……大さじ1
B ┌ 全卵……50g ＊ときほぐしておく
  └ オイル(好みのもの)……大さじ1
ミックスナッツ(素焼き・食塩不使用)……40g
＊粗く砕いておく

作り方
① Aの材料を計量しながらポリ袋に入れる(p.123)。
② Bを合わせ、①に加える。
③ ポリ袋に空気を少し入れて袋の口を押さえ、軽くふって粉と卵液を混ぜ合わせる。しっとりとしてきたら、袋の上からもみ、粉っぽさがなくなったらナッツを加え、生地をひとつにまとめる。
④ ポリ袋に入れたまま生地を手で押さえ、10cm×15cm、厚さ1.5cm程度に延ばす(p.72)。
⑤ オーブンを180℃に予熱する。
⑥ ポリ袋から取り出してオーブンペーパーを敷いた天板にのせ、予熱したオーブンで20分焼く。
⑦ オーブンからいったん取り出し、粗熱が取れたら、15cmの辺を1cm幅に15等分する(左下の写真)。
⑧ 切り口を上にして天板に並べ、再度150℃のオーブンで20分焼く。

TECHNICAL POINT

作り方⑥で1度焼いたら、まだ少しやわらかさが残る状態でカット(作り方⑦)。包丁の先端を生地の前端に当てて固定したまま、刃元を一気に下ろすように。ナッツがたくさん入っているので、包丁を前後に動かして切ると形が崩れやすくなります。

 *Rie's advice*

ココアパウダーを使用せず、プレーン生地に仕上げるのもよいでしょう。その場合、糖質量は増えますが薄力粉を10g増やして。

● ヘルシーメモ

小麦粉の一部を
アーモンドパウダーに置きかえて糖質オフ。

●1食分〈1本〉　カロリー・66kcal　糖質量・2.5g

アーモンドの風味とプルーン＆オレンジの酸味がマッチ。

Pound Cake

パウンドケーキ

アーモンドパウダーを使うことで、小麦粉の量を大幅にカット。
糖質量がぐんと減るのはもちろんのこと、アーモンドの風味でよりおいしくなります。
砂糖も通常の3分の1にし、その分プルーンの甘味とオレンジの風味をきかせました。

RECIPE

材料
(5.5cm×27cm×高さ4cm の型、1本分)

バター(食塩不使用)……70g
＊室温でやわらかくしておく
砂糖……30g
全卵……90g　＊ときほぐしておく
A ┌ アーモンドパウダー……70g
　├ 薄力粉……30g
　└ ベーキングパウダー……小さじ1
ドライプルーン(種なし)……50g　＊6等分する
オレンジの果皮(無農薬)……1g　＊すりおろす

FINISHING

パウンドケーキの焼き上がりは、
中心の生地が中から独特の山型に盛り上がります。
パカッと中央に割れ目ができているのが、成功の証。

●ヘルシーメモ
砂糖は通常の1/3、薄力粉も1/2で糖質オフ。
プルーンにはミネラルが豊富。

作り方
① やわらかくしたバターをボウルに入れ、砂糖を3回に分けて加え、その都度泡立て器でよく混ぜ合わせる(下の写真)。
② 卵液を4～5回に分けて加え、その都度よく混ぜ合わせる。途中、分離しそうになったら、Aの粉を先に大さじ2程度加えると、分離が抑えられる。
③ Aの粉類はふるいながら一気に加えて、ゴムべらで混ぜ合わせる。
④ オーブンを180℃に予熱する。型にオーブンペーパーを敷いておく。
⑤ プルーン、オレンジの果皮を加え、さらに混ぜ合わせる。
⑥ 粉っぽさがなくなって生地につやが出たら、オーブンペーパーを敷いた型に流し入れ、中心が低く左右の外側が高くなるよう、ゴムべらで生地を両端に寄せる(中心に火を通りやすくするため)。
⑦ 予熱したオーブンで20分焼く。竹串を刺して何もつかなければ完成。

Rie's advice
大小さまざまなサイズの紙製のパウンドケーキ型が売られているので、こうしたものを使って気軽にトライしてみましょう。おしゃれにラッピングしてギフトにも。型のサイズに合わせて焼き時間を調整してください。

TECHNICAL POINT
バターと砂糖は空気を含ませるように混ぜ合わせます。淡い黄色だったバターが白くふんわりするまで混ぜることで、なめらかな口あたりのよい焼き上がりになります。

●1食分〈1/18カット〉　カロリー・80kcal　糖質量・5.0g

卵白1個でこんなにたくさん作れる!
French Meringues

焼きメレンゲ

サクサクの軽い歯ざわりのメレンゲをかわいらしいひと口サイズに仕上げて。
砂糖の量を控えれば、低カロリー・低糖質の優秀スイーツ。
プチギフトにもおすすめです。

RECIPE

材料
(60個分)

卵白……40g
砂糖……15g
レモン汁……小さじ1

作り方
① オーブンを100℃に予熱する。
② 卵白に砂糖、レモン汁を加え、メレンゲを作る (p119)。
③ ②のメレンゲを星口金(口径5mm)をつけた絞り袋に入れ、オーブンペーパーを敷いた天板の上に直径約1.5cmに絞り出す(左下の写真)。
④ 予熱したオーブンで60分焼く。

TECHNICAL POINT

きれいに絞り出すコツは、絞り袋を持った手を仕上げたい高さに固定すること。仕上げたい直径になったら絞り袋をすっと持ち上げます。絞り袋を動かして円を描きたくなりますが、それは不要です。

 Rie's advice

焼き上げたあとは、水分を含むとサクサクの食感が失われてしまうので、湿気に注意。乾燥剤とともに密閉容器に入れて保存を。ギフトにする場合も乾燥剤を入れてラッピングしましょう。

● ヘルシーメモ

卵白は低脂肪のたんぱく質源。
ビタミンB群も含みます。

●1食分〈5個〉　カロリー・5kcal　糖質量・1.3g

低糖質でも、コクのある味わいに満足度大!

Dacquoise Chocolat

ダックワーズ・ショコラ

アーモンドパウダーとココアパウダーの組み合わせは、
香ばしさとコクがあるので、砂糖をかなり減らしてもおいしく仕上がります。
チョコレートクリームには甘味は加えず、高カカオチョコレートのほろ苦さを生かして。

RECIPE

材料
(12個分)

A ┌ 卵白……50g
  └ 砂糖……20g
B ┌ アーモンドパウダー……20g
  ├ 薄力粉……5g
  └ ココアパウダー(無糖)……3g
粉糖……1g

チョコクリーム
チョコレート(カカオ75%)……30g
生クリーム……15ml
● 湯煎で溶かしたチョコレートに生クリームを加え、なめらかになるまで混ぜる。

作り方
① オーブンを170℃に予熱する。
② Aでメレンゲを作る(p.119)。
③ メレンゲにBの粉類をふるいながら加え、"すくってトントンで混ぜる(p.120)"。
④ 丸口金(口径1cm)をつけた絞り袋に③を入れ(下の写真)、オーブンペーパーを敷いた天板に直径3cmの円形に24個絞る。上から粉糖を茶こしでふる。
⑤ 予熱したオーブンで13～14分焼く。
⑥ 冷めたら2個を1組にし、チョコクリームをサンドする。

Rie's advice

メレンゲと粉類は混ぜすぎないように気をつけて。粉が見えなくなったらOK。混ぜすぎると生地がゆるくなり、絞ったときに広がってしまいます。ぷっくりとした形に絞れる固さを目指しましょう。粉糖をふることで、外はカリッ、中はふわっと焼き上がります。

TECHNICAL POINT

生地を絞り袋に入れる際は、口が広めの器(大きめのマグカップや保存瓶など)に絞り袋を立てると作業しやすい。口金から生地が出てこないよう絞り袋の先端を折り、口金を横に向けておきます。

● ヘルシーメモ

小麦粉の代わりに使用する
アーモンドパウダーにはミネラルが豊富です。

● 1食分〈2個〉　カロリー・58kcal　糖質量・5.8g

大豆粉のナチュラルなおいしさに出合って……。

Bouchée with Soy Flour

大豆粉ブッセ

ブッセにはクリームやジャムをサンドするのが基本ですが、
何ものせず、仕上げの粉糖もふらず、
大豆粉の香ばしさや自然な甘味が生きるお菓子に仕上げました。
1個当たりの糖質量は1g以下なので、罪悪感なく、思う存分楽しめます。

RECIPE

材料
(15個分)

A ┌ 卵白……40g
  └ 砂糖……10g
卵黄……20g
大豆粉……20g
スライスアーモンド……10g

作り方
① オーブンを170℃に予熱する。
② Aでメレンゲを作る(p.119)。
③ ②に卵黄を加え、"すくってトントンで混ぜる(p.120)"。さらに大豆粉を加えてすくってトントンで混ぜる。
④ 丸口金(口径1cm)をつけた絞り袋に③を入れ、オーブンペーパーを敷いた天板の上に、直径約4cmの円形に15個絞る(左下の写真)。
⑤ スライスアーモンドをのせ、予熱したオーブンで7〜8分焼く。

TECHNICAL POINT

オーブンペーパーの裏に鉛筆で円を描き、その線をガイドに絞ると、大きさをそろえやすくなります。絞ったときに写真のようなこんもりとした丸い形になるのが、理想の生地の固さ。コロンとしたかわいらしい形に焼き上がります。

 Rie's advice

トッピングは好みでアレンジを。スライスアーモンドのほか、砕いたくるみや刻んだドライフルーツを散らすのもおすすめ。糖質は少し増えますが、表面をよりカリッと焼き上げたい場合には、粉糖を適量ふってから焼くとよいでしょう。

● ヘルシーメモ

小麦粉を大豆粉に置きかえることで、
たんぱく質&食物繊維をプラス。

●1食分〈2個〉　カロリー・38kcal　糖質量・1.8g

「材料を順に混ぜて焼けばOK」の手軽さもうれしい。

Drop Cookies with Nuts and Roasted Soy Flour

きなこのナッツドロップクッキー

きなこといえば、和菓子で使われる脇役的な存在ですが、
実は大豆の栄養がぎゅっと凝縮された食材。
小麦粉の代わりに主役にすれば、栄養価がぐっと高まります。
仕上がりのほろっとした食感は、きなこならでは！

RECIPE

材料
（12個分）

バター（食塩不使用）……50g　＊室温でやわらかくしておく
砂糖……大さじ1
全卵……30g　＊ときほぐしておく
きなこ……50g
好みのナッツ（素焼き・食塩不使用）……30g　＊粗く刻む

作り方
① やわらかくしたバターをボウルに入れ、砂糖、卵液を順に加えて泡立て器でその都度混ぜる。
② きなこ、ナッツの順に加えたら、ゴムべらに替えてよく混ぜる。
③ オーブンを180℃に予熱する。
④ 12等分して手で丸め、直径4cm〜5cmの円盤状になるように指先で押さえる（右の写真）。飾り用のナッツ（分量外）をのせる。
⑤ オーブンペーパーを敷いた天板の上にのせ、予熱したオーブンで12分焼く。

 Rie's advice

シンプルな材料＆作り方なのでアレンジは自由自在。ナッツの代わりにドライフルーツやゆでた雑穀・小豆などを加えるのもおすすめ。バターをオリーブオイルに代えると軽い味わいに。

TECHNICAL POINT

生地を手に取ってくるくると丸めたら、指先で軽く形を平らに整え、飾り用のナッツをのせます。手作り感のある自然な形のほうがかわいいので、整えすぎずラフに丸めて。

● ヘルシーメモ

低糖質で、たんぱく質＆食物繊維が
豊富なきなこを活用。

●1食分〈1個〉　カロリー・142kcal　糖質量・3.6g

キャラメルは少量にして、タルト台の濃厚さを楽しむ。

Florentins

フロランタン

フランスの伝統菓子フロランタンは、砂糖を焦がして作るキャラメルが魅力。
一般的に、糖質を控えたい人にはNGですが、
キャラメルの量を少なめにして、一食当たりの糖質量を抑えれば大丈夫。
下に敷いたタルト台に濃厚なコクがあるので、しっかり噛むことで甘味がほどよく感じられます。

RECIPE

材料
（12cm×18cm、1枚分）

タルト生地(p.30)……150g
バター(食塩不使用)……30g
砂糖……20g
生クリーム……大さじ2
スライスアーモンド……50g

作り方
① オーブンを150℃に予熱する。
② タルト生地をめん棒で12cm×18cm、厚さ5mm程度に延ばし、フォークなどでところどころに穴を開ける。オーブンペーパーを敷いた天板にのせ、予熱したオーブンで15分焼く。
③ 小鍋にバター、砂糖、生クリームを入れて弱火にかけ、バターが溶けたら中弱火にして3〜4分加熱してキャラメルを作る。砂糖が溶けて茶色くなり、とろみがついたら火を止め、スライスアーモンドを加えて(下の写真)混ぜる。
④ ②のタルトの生地の上に③をのせて広げ、180℃に熱したオーブンで約10分焼く。冷めてから12等分にカットする。

FINISHING

粗熱が取れたら、12等分にカットします。
スライスアーモンドたっぷりのフロランタンはカットしにくいので、p.36の要領を参考にして。

● ヘルシーメモ
アーモンドは鉄分、カルシウム、食物繊維が豊富に含まれています。

 Rie's advice

③の作業をする際は、ぬれたふきんを用意しておきましょう。火を入れすぎたなと思ったら、鍋の底をぬれぶきんに当てて温度を下げます。そのままにしておくと余熱でさらに火が入り、真っ黒焦げに！

TECHNICAL POINT

キャラメル作りは、焦がさないように弱火で加熱を。加熱時間の目安は3〜4分ですが、火加減などによっても火の入り具合は変わってしまうので、時間よりもキャラメルの色で判断を。火を止めても余熱でさらに火が入るので、ちょうどよい色味になる手前でストップを。

● 1食分〈1/12カット〉　カロリー・118kcal　糖質量・6.2g

CHAPTER 3
ひんやり&あつあつデザート

でき立てのひんやり感やあつあつ感を楽しめるのも、手作りならではの醍醐味です。
冷たいデザートには、ミネラル豊富なはちみつやメープルシロップなどの個性的な風味を持つ甘味料を使用。
味わい豊かになるうえに、液体なので煮溶かす手間が省けます。
温かいデザートは、すぐに食するのできっちりとした形を作る必要がなく、小麦粉を思い切って減らせます。

レストランの人気デザートをおうちでも!

Fondant au Chocolat

フォンダン・ショコラ

ナイフを入れると中からあつあつのチョコレートがとろりと溶け出すフォンダン・ショコラ。
もともと小麦粉の使用量は少ないお菓子ですが、
アーモンドパウダーに置きかえることで、さらに糖質オフ。
生地をなめらかに作ることが最大のポイントです。

RECIPE

材料
(直径4.5cmのプリンカップ4個分)

A ┌ チョコレート(カカオ70%以上)……50g
　│　 *刻んでおく
　└ バター(食塩不使用)……30g
B ┌ 全卵……60g　*ときほぐしておく
　└ 砂糖……10g
アーモンドパウダー……30g
ラム酒……小さじ1

作り方
① プリンカップの内側に薄くオイル(またはバター：分量外・適量)をぬっておく。Aを耐熱容器に入れ、湯煎(約50℃)で溶かす。
② ボウルにBを入れ、砂糖が溶ける程度に泡立て器でよく混ぜ(泡立てなくてOK)、①で溶かしたチョコレートとバターを加えて混ぜる。
③ アーモンドパウダーを加えて混ぜ、さらにラム酒も加える。
④ ③の生地を、プリンカップの高さ半分くらいまで流し入れ(左の写真)、冷蔵庫で15分以上冷やしておく。
⑤ 180℃に熱したオーブンに入れ、約7分焼く。外側が固まればOK。中まで加熱しすぎないよう注意。熱いうちにテーブルへ。

TECHNICAL POINT

オーブンで焼く前に、生地を冷蔵庫でしっかり冷やしておくことがポイント。できれば前日に仕込んで冷蔵庫に入れておくとよいでしょう。冷たくした生地を焼くことで中心部分には火が通りきらず、とろりと溶け出す、フォンダン・ショコラ特有の仕上がりになります。

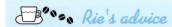 Rie's advice

チョコレートとバターを湯煎で溶かす際の温度は50℃がベスト。高温で長時間加熱すると分離の原因となり、舌ざわりが悪くなってしまうので、適温で手早く作業しましょう。

●ヘルシーメモ
アーモンドパウダーに置きかえることでビタミンEもとれます。

●1食分〈1個〉　カロリー・212kcal　糖質量・9.0g

メレンゲの力でふんわりと。

Soufflé Pancakes

スフレ・パンケーキ

どこかなつかしい気持ちにさせる、やさしい味わい。
砂糖は控えめにして、卵・牛乳・大豆粉の持つナチュラルな風味を楽しみましょう。
朝ごはんにもおすすめです。

RECIPE

材料
（直径10〜12cmのパンケーキ3枚分）

卵黄……20g
牛乳（または豆乳）……大さじ1
大豆粉……15g
A ┌ 卵白……40g
　└ 砂糖……小さじ1
ミックスナッツ（素焼き・食塩不使用）……適量

作り方
① ボウルに卵黄を入れて泡立て器でほぐし、牛乳を加えてよく混ぜる。大豆粉をふるいながら加えて、よく混ぜる。
② Aの材料でメレンゲを作る（p.119）。
③ ①を②のメレンゲに加え（右の写真）、"すくってトントン（p.120）"で混ぜる。
④ 熱したフライパンに薄くオイル（分量外）を引き、生地を1/3量流し入れて焼く。
⑤ ふたをして弱火で2分加熱し、生地のまわりが固まってきたら裏返し、さらに1分程度焼く。同様に2回繰り返し、計3枚のパンケーキを焼く。
⑥ 皿に盛り、ミックスナッツを散らす。

VARIATION

もっと甘味が欲しい場合は、糖質量の少ないベリー類を使って手作りしたジャムを添えるのがおすすめです。
●ベリージャムの作り方
ブルーベリー30gと砂糖小さじ1を耐熱容器に入れて、ラップをせずに電子レンジ（600W／40秒）で加熱する。

TECHNICAL POINT

パンケーキのように日常的なメニューは、ぱぱっと手軽に作りたいもの。メレンゲに卵黄を加えるときは、気泡をつぶさないように2〜3回に分けるのが基本ですが、1個分の卵白と卵黄なら一気に加えても大丈夫。さっくりと混ぜ合わせましょう。

●ヘルシーメモ

大豆粉を使用することで、
たんぱく質&食物繊維量アップ！

●1食分〈1枚〉　カロリー・72kcal　糖質量・2.2g

あつあつを召し上がれ！

Milk Tea Soufflé

ミルクティースフレ

もともと使用する小麦粉の量がとても少ないスフレは、うれしい低糖質のおやつ。
ぷくっとした膨らみがしぼまないうちに、オーブンからすぐにテーブルへ。
口に入れるとすっと溶けて、ミルクティーの香りが広がります。

RECIPE

材料
（直径6cmのココット2個分）

A ┌ 卵黄……20g
　├ 砂糖……小さじ2
　└ 薄力粉……10g
ミルクティー※……100ml
コアントロー……小さじ1
卵白……40g

※牛乳(130ml)に紅茶の葉(小さじ1)を入れ、
　電子レンジ(600W／1分)で加熱し、茶こしで濾す。

作り方
① ココットの内側にバター（分量外・適量）を薄くぬる。
② 小鍋にAを入れて泡立て器でよく混ぜ合わせる。ミルクティーを少しずつ入れ、その都度混ぜ合わせ、よく混ざったら弱火にかけ、さらに混ぜ続ける。
③ 糊状になったら火からおろし（左下の写真）、ボウルへ移す。粗熱が取れたらコアントローを加える。
④ 卵白でメレンゲを作る(p.119)。
⑤ オーブンを200℃に予熱する。
⑥ ④のメレンゲを③へ1/3量ずつ分けて加え、その都度"すくってトントン(p.120)"で混ぜる。粗熱が取れた③は少し固めなので、1回めのメレンゲはしっかりと混ぜ合わせて馴染ませることが大切。
⑦ ココットに⑥を入れ、予熱したオーブンで3分焼いたあと、温度を180℃に下げてさらに7分加熱する。

TECHNICAL POINT
スフレの内側の生地をカスタードクリームのようになめらかな口あたりに仕上げるためには、泡立て器でたえずかき混ぜながら加熱するのがポイントです。

Rie's advice
オレンジピールを加えるのもおすすめ。爽やかな香りが加わります。また、水分として加えるミルクティーを、抹茶ミルクやカフェオレなどに代えてバリエーションを楽しむのもよいでしょう。

● ヘルシーメモ

小麦粉は1個につきわずか5g。
ミルクティーのコクを生かして砂糖も控えめ。

●1食分の量〈1個〉　カロリー・119kcal　糖質量・9.7g

甘さ控えめでベリーの味が生きる!

Soy Milk Ice-cream with Berries

豆乳ベリーアイス

冷たい豆乳にも溶ける、液体の甘味料を使用し、
加熱せずに作れるのでとっても簡単。
メープルシロップの爽やかな風味がベリーとよく合います。

RECIPE

材料
(作りやすい分量)

豆乳(無調整)……200ml
メープルシロップ……大さじ2
┌粉ゼラチン……5g　＊水にふり入れ、ふやかしておく
└水……大さじ2
好みのベリー※……80g
生クリーム……50ml　＊泡立てる

※いちご、ラズベリー、ブルーベリーなど。
　いちごを使用する場合は、適当な大きさにカットする。

作り方

① 豆乳とメープルシロップをボウルに入れて混ぜ合わせる。
② ①に、ふやかしたゼラチンを電子レンジ(600W／10秒)で溶かして加え、よく混ぜる。
③ ベリー、泡立てた生クリームを合わせて(下の写真)バットなどに流し入れ、冷凍庫で冷やす。
④ 1～2時間おきにフォークなどでよく混ぜる。この作業を3～4回繰り返す。

Rie's advice

ベリー類は糖質量が少ないうえに、老化予防や免疫力アップ、美肌に欠かせない抗酸化成分やビタミンが豊富。豆乳や生クリームに含まれるたんぱく質の吸収を促すビタミンCを含んでいます。

TECHNICAL POINT

生クリームはとろみがつき、泡立て器ですくうと、もったりと重く感じる程度に泡立て(七分立て)、混ぜ合わせます。生クリームの泡を消さないよう、ゴムべらでボウルの底からすくうように混ぜて、ふんわり軽い口あたりに仕上げましょう。

● ヘルシーメモ

豆乳には女性にうれしい働きを持つ
イソフラボンが豊富。

●1食分〈1/5量〉　カロリー・93kcal　糖質量・8.1g

材料を合わせて凍らせるだけでOK。

Yogurt Gelato

ヨーグルト・ジェラート

甘味を控え、ヨーグルトの爽やかな酸味の奥に、生クリームの濃厚なコクを感じる味わいに。
おもてなし料理の最後に出せば、喜ばれること間違いなしです。
冷凍庫に入れたあと、ときどき混ぜるのをお忘れなく!

RECIPE

材料
(作りやすい分量)

ヨーグルト(無糖)……150g
生クリーム……100ml
はちみつ……大さじ1
レモン汁……小さじ2

作り方
① 材料を密閉容器に入れ、よく混ぜる。ふたをして冷凍庫で冷やす。
② 固まってきたら、フォークなどでよく混ぜる(下の写真)。この作業を1~2時間おきに3回繰り返す。

Rie's advice

ナッツ、ごま、フルーツなど、好みのトッピングで楽しみましょう。サラダ用の蒸し豆(ミックスビーンズ)もおすすめ。また、はちみつを黒みつにかえてもおいしくできます。

TECHNICAL POINT

混ぜる際は、空気を含ませるように混ぜるとふんわりとした、口あたりのよいジェラートに仕上がります。

● ヘルシーメモ

ヨーグルトに含まれる乳酸菌には、
腸内の善玉菌の働きを活発にする効果が。

●1食分〈1/5量〉　カロリー・118kcal　糖質量・5.6g

甘味は控えて、チーズのおいしさを引き出して。

Tiramisu

なめらかティラミス

レストランのデザートなどで人気のティラミス。一般にしっかりとした甘味がありますが、マスカルポーネチーズにコクがあるので、砂糖を少なくしても十分おいしくできます。甘さを好みで調整できるというのも手作りならではの魅力。ぜひ、トライしてみて!

RECIPE

材料
（50mlのショットグラス6個分）

A ┌ 卵黄……20g
　└ 砂糖……10g
マスカルポーネチーズ……100g
＊室温でやわらかくしておく
バニラエッセンス……3滴
B ┌ 卵白……40g
　└ 砂糖……10g
ココアパウダー（無糖）……適量

作り方

① Aをボウルに入れて湯煎（80℃）にかけ、泡立て器で混ぜる（左下の写真）。白っぽくなったら湯煎からはずしてよく冷ます。
② やわらかくしたマスカルポーネチーズを①に加え、よく混ぜる。バニラエッセンスを加える。
③ Bでメレンゲを作る（p.119）。
④ ②に③のメレンゲを1/3量ずつ2回加え、その都度、"すくってトントン（p.120）"で混ぜる。1/3量が残ったメレンゲのボウルに戻して、さらにすくってトントンで混ぜる
⑤ ④をグラスに入れ、冷蔵庫で30分以上冷やす。ココアパウダーを上面にふる。

TECHNICAL POINT

卵黄が白いクリーム状になるまで湯煎でしっかり火を通しましょう。ここできちんと熱を加えることで日持ちがよくなります（冷蔵庫で3〜4日）。

 **Rie's advice**

1個当たりの糖質量は増えますが、スポンジをサンドすればより本格的。p.27のスポンジを器の直径に合わせて丸くカットし、コーヒー（インスタントコーヒー小さじ1を大さじ1の湯で溶かしたもの）を含ませます。1個につきスポンジ2枚を使用。底と真ん中にセットして。

●ヘルシーメモ

マスカルポーネチーズのコクは脂質由来。濃厚さを生かして甘味をオフ。

●1食分〈1個〉　カロリー・103kcal　糖質量・4.2g
スポンジを入れた場合●1食分〈1個〉　カロリー・121kcal　糖質量・5.4g

レモンのビタミンCを手軽に。

Lemon Jelly

レモンジェリー

レモンに豊富に含まれるビタミンCには、疲労回復・風邪予防・美肌などさまざまな働きが。
特有の香りのもとであるリモネンにはリラックス効果もあります。
ひと口サイズのお菓子にして仕事や家事の合間にパクッ。
小腹を満たしながら、レモンのヘルシー効果を手軽に取り入れられます。

RECIPE

材料
(3〜5gのひと口大、24個分)

A ┌ レモン汁……100ml
  └ アガベシロップ……大さじ2

┌ 粉ゼラチン……10g　＊水にふり入れ、ふやかしておく
└ 水……大さじ4

作り方
① Aを混ぜ合わせる。
② ふやかしたゼラチンを電子レンジ(600W／10秒)で溶かし、①に加えて混ぜ合わせる。
③ 型に流し入れて冷蔵庫で冷やす。

Rie's advice

レモンのほか、オレンジやぶどうなど、ほかの果物でもトライ！　レモン同様、搾った果汁に溶かしたゼラチンを加えればOKです。砂糖は控えめにして果物本来の香りとナチュラルな甘味を楽しみましょう。

TECHNICAL POINT

型は熱や酸に強いものを使用してください。型からはずす際には、金串のような先のとがったもので端を持ち上げ、空気を入れるときれいに取りはずせます。

●ヘルシーメモ

ゼラチンはコラーゲンから作られたもの。
ビタミンCで吸収率がアップ。

●1食分〈3個〉　カロリー・24kcal　糖質量・5.1g

CHAPTER 4
甘くないおやつ

おやつの時間につまみたいのは「甘いもの」だけではありません。
ときにはちょっと塩気のあるおやつも、うれしいものです。
さらに、栄養豊富な素材を使った、体を元気にしてくれるおやつなら言うことなし。
朝ごはんやランチなど、軽めの食事としてもおすすめです。

おからを使って、糖質控えめ&栄養たっぷり!

Okara Bread

おからブレッド

小麦粉の半量をおからに置きかえることで糖質オフ。たんぱく質や食物繊維の量はアップ。
具材には、枝豆やチーズを使えばさらにたんぱく質豊富に。
ごまやひじきなどのミネラルのとれる具材を加えるのもおすすめです。

RECIPE

材料
(直径13cm、1個分)

A
- おから……100g
- 薄力粉……100g
- ベーキングパウダー……小さじ2
- 塩……ひとつまみ
- 砂糖……5g

豆乳(または牛乳、ヨーグルト)……85〜90ml
好みの具材(下記参照)

〈具材のバリエーション〉

1.ブラックオリーブ
ブラックオリーブ(種ぬき)……40g
＊刻んでおく
黒こしょう……適量

2.ひじき&黒ごま
ひじき(生、または乾燥ひじきを戻したもの)……50g
＊水気をよくきっておく
黒ごま……大さじ3

3.マッシュルーム&ベーコン
マッシュルーム……3個　＊5mm角に切る
ベーコン……50g　＊5mm角に切る

4.枝豆&チーズ
ゆでた枝豆(さやを取り除いた正味)……80g
プロセスチーズ……50g　＊5mm角に切る

●ヘルシーメモ
大豆製品の中でも特に、おからには
食物繊維が多く含まれます。

作り方
① オーブンを190℃に予熱する。
② Aの材料をボウルに入れ、サラサラになるまでゴムべらで混ぜる。
③ 豆乳を少しずつ加え、その都度ゴムべらで切るように混ぜる(下の写真)。
④ 好みの具材を加え、ゴムべらで全体を混ぜ合わせる。
⑤ オーブンペーパーを敷いた天板の上に④をのせる。全粒粉または強力粉(分量外)をふって、丸くなるよう手で形を整える。上面に十文字に切り込みを入れる。
⑥ 予熱したオーブンで約25分焼く。

TECHNICAL POINT

加える水分量は、おからに含まれる水分量によって調整したいので、水分は必ず、生地の様子を見ながら少しずつ加えましょう。写真のような状態になればOK。入れすぎるとベタベタになり、作業しにくくなります。

ブラックオリーブ●1食分〈1/10カット〉	カロリー・58kcal	糖質量・8.1g
ひじき&黒ごま●1食分〈1/10カット〉	カロリー・70kcal	糖質量・8.7g
マッシュルーム&ベーコン●1食分〈1/10カット〉	カロリー・74kcal	糖質量・8.1g
枝豆&チーズ●1食分〈1/10カット〉	カロリー・81kcal	糖質量・8.6g

焼き立てのサクサクの歯ごたえがたまらない！

Avocado Scones

アボカド・スコーン

アボカドには良質な脂質がたっぷり。
ビタミンやミネラル、食物繊維を含む全粒粉を使用することで、
栄養価がアップするだけでなく、香ばしく仕上がります。

RECIPE

材料
〈15個分〉

A ┌ 薄力粉……70g
  │ 全粒粉……80g
  │ 塩……小さじ1/4
  │ 砂糖……小さじ1
  └ ベーキングパウダー……小さじ1と1/2
バター(食塩不使用)……30g
＊5mm〜1cm角に切り、冷蔵庫で冷やしておく
全卵1個分＋牛乳……80g※
アボカド(少し固めのもの)……1個 ＊ざく切りにする

※全卵と足して80gになるよう、
　牛乳(または豆乳)の量を調整する。

FINISHING

焼き立てにバターやクロテッドクリーム、
チーズなどをのせても。

●ヘルシーメモ
アボカドにはビタミンEや葉酸をはじめ、
美肌や老化予防に効果的な成分が豊富。

作り方

① ボウルにAの粉類と、カットしたバターを冷たいまま入れ(下の写真)、両手で粉とバターをすり合わせ、バターをつぶしながら、サラサラの状態になるまで粉と馴染ませる。
② ①にときほぐした卵液＋牛乳とアボカドを加え、ゴムべらなどで粉っぽさがなくなるまで切り混ぜ、ひとつにまとめる。
③ ②の生地を半分に切り、切った生地を重ねて軽く押さえる。この作業を5回繰り返す。
④ ③の生地をラップで包み、冷蔵庫で30分休ませる。
⑤ オーブンを180℃に予熱する。
⑥ めん棒で厚さ2cmに延ばし、直径4cmの丸型で抜く。オーブンペーパーを敷いた天板の上に並べる。
⑦ 表面に牛乳(分量外・適量)をハケでぬり、予熱したオーブンで15分焼く。

型抜きしたあと、残った周囲の生地は集めて延ばし、もう一度丸型で抜きましょう。または、包丁で四角く15等分に切り分けて焼いてもよいでしょう。

TECHNICAL POINT

バターは溶けないまま細かい粒状になり、小麦粉とよく混ざった状態が理想的。そのためにはバターをよく冷やしておきます。バターが大きいと指でつぶしにくいので、5mm〜1cm角にカットして。

●1食分〈1個〉　カロリー・75kcal　糖質量・6.8g

トマトの栄養をおやつでもとりたい！

Grissini with Dried Tomato

ドライトマトのグリッシーニ

市販のスナック菓子よりぐっと塩分控えめ。
噛みしめると、全粒粉の香ばしさと、ドライトマトの旨味・酸味が口の中に広がります。
ワインのおともにもおすすめです。

RECIPE

材料
（20本分）

A ┌ 強力粉……70g
　├ 全粒粉……30g
　├ 砂糖……小さじ1
　├ 塩……小さじ1/4
　└ ベーキングパウダー……小さじ1
牛乳……大さじ4
ドライトマト……15g　＊刻んでおく

作り方
① Aの粉類をボウルに入れ、ゴムべらで混ぜ合わせる。
② 牛乳を少しずつ加え、全体を馴染ませる。ドライトマトを加える。
③ ②をポリ袋に入れ、ひとつにまとめる。袋の上からめん棒で延ばして12cm×18cmの大きさにする（左下の写真）。生地を30分休ませる。
④ オーブンを170℃に予熱する。
⑤ ポリ袋の両端をハサミで切って袋を取り除き、12cmの辺を6mm幅に切り分ける。
⑥ オーブンペーパーを敷いた天板に⑤を並べ、予熱したオーブンで10分焼く。

TECHNICAL POINT

生地の中心から四方の角に向かってめん棒で延ばしていきます。ポリ袋は、生地を目指す大きさの四角形になるよう、余分なところは折りたたんでおくときれいに延ばせます。

Rie's advice

ドライトマトの代わりにごまや砕いたナッツ、粉チーズなどを加えてアレンジを楽しみましょう。

● ヘルシーメモ

ドライトマトには、高い抗酸化作用を持つリコピンやビタミン類が多く含まれています。

●1食分〈2本〉　カロリー・46kcal　糖質量・7.6g

ミネラルの宝庫、ごまをたっぷりと使って。

Slightly Salty Black Sesame Sablé

黒ごま塩サブレ

口に入れると、ほろりと崩れるやわらかい食感が魅力。
黒ごまの香ばしい香りとプチプチ感がアクセントになっています。

RECIPE

材料
(20個分)

A ┌ 薄力粉……50g
　├ 塩……2つまみ
　├ 砂糖……小さじ2
　└ 黒ごま、黒すりごま……各大さじ2
オイル(好みのもの)……大さじ1
水……大さじ1

作り方
① オーブンを180℃に予熱する。
② Aをポリ袋に入れて混ぜ合わせ、オイル・水を加えてひとつにまとめる(p.123)。
③ ポリ袋の上からめん棒で延ばし、12cm×15cmの四角形(厚さ3〜5mm)にする(p.72)。
④ 3cm×3cmの角形、20個に切り分ける。
⑤ オーブンペーパーを敷いた天板に並べ、予熱したオーブンで10分焼く。

●ヘルシーメモ

ごまにはカルシウムや鉄をはじめとする
ミネラルが豊富です。

●1食分〈3個〉　カロリー・64kcal　糖質量・6.6g

ハーブの香りを生かして砂糖は控えめ。
Herb Cookies

ハーブ・クッキー

好みのハーブやスパイスを使ってアレンジを楽しんで!
ここではローズマリーとオレガノを加えました。

RECIPE

材料
(直径5cmの花型15個分)

バター(食塩不使用)……50g
＊室温でやわらかくしておく
砂糖……小さじ1
塩……ひとつまみ
牛乳……大さじ1
A ┌ 薄力粉……70g
  │ グラハム粉……30g
  │ 好みのドライハーブ……小さじ1
  │ (ローズマリー・オレガノなど)
  └ 黒こしょう(粗びき)……適量

作り方
① ボウルに室温に戻したバターを入れ、泡立て器で混ぜる。砂糖、塩を加えてすり混ぜ、牛乳を加えてさらに混ぜる。
② Aを計量しながらボウルに加え(p.123)、ゴムべらで粉っぽさがなくなるまで混ぜる。
③ ポリ袋に入れ、めん棒で延ばして厚さ5mm程度、10cm×15cmの大きさにする(p.72)。冷蔵庫で休ませる。
④ オーブンを180℃に予熱する。
⑤ 型抜き※し、オーブンペーパーを敷いた天板に並べ、予熱したオーブンで10〜13分焼く。

※型抜きせず、15等分にカットしてもOK。

●ヘルシーメモ
グラハム粉には、小麦の胚芽や表皮の
ミネラル・食物繊維が含まれます。

●1食分〈1個〉　カロリー・51kcal　糖質量・4.8g

大豆粉入りの生地と黒豆で香ばしく。

Shortbread with Black Soybeans

黒豆ショートブレッド

黒豆には、たんぱく質やビタミンB群、ミネラル類、食物繊維など、現代人に不足しがちな栄養がぎゅっと詰まっています。
サラダやスープとともに、朝ごはんやランチにもおすすめです。

RECIPE

材料
(8本分)

バター(食塩不使用)……50g
＊室温でやわらかくしておく
A ┌ 砂糖……小さじ2
　└ 塩……小さじ1/4
B ┌ 薄力粉……60g
　└ アーモンドパウダー……40g
蒸し黒豆……60g

作り方
① 室温に戻したバターをボウルに入れ、Aを加えてすり混ぜ、なめらかにする(左下の写真)。
② Bの粉類をふるいながら加えて、ゴムべらで生地をボウルに押さえつけるようにしながらしっとりするまで混ぜ、黒豆を加えてさらに混ぜる。ひとまとめにしてラップで包み、冷蔵庫で30分休ませる。
③ オーブンを160℃に予熱する。
④ めん棒で延ばし、7cm×16cm、厚さ2cm程度になるよう形を整え、包丁で16cmの辺を8等分する。
⑤ 表面にフォークなどで穴を開け、オーブンペーパーを敷いた天板に並べる。予熱したオーブンで20分焼く。

TECHNICAL POINT

バターを混ぜる際には、空気をあまり含ませないよう、すり混ぜます。泡立て器でボウルの底に沿って、ぐるぐると円を描くように混ぜるのがコツです。空気を含んで生地が膨らんでしまうと、きれいな形に焼き上がりません。

 Rie's advice

黒豆以外にも、枝豆、大豆、ミックスビーンズ、ドライフルーツなどでアレンジしてみましょう。生地はアーモンドパウダーの割合を少し増やすと、より香ばしく仕上がります。また、ココアや抹茶を加えた生地にしてもおいしくできます。

● ヘルシーメモ

黒豆に含まれるアントシアニンには老化予防や血流改善の可能性が。

● 1食分〈1本〉　カロリー・122kcal　糖質量・6.9g

栄養豊富なナッツをスパイスの変化で楽しむ!

Spicy Nuts

スパイシーナッツ

糖質が少なく栄養豊富なナッツは、噛みごたえもあり、ダイエット時のおやつとして人気。
好みのスパイスやハーブをまぶせば、いろいろな味が楽しめます。
カラフルなルックスは、パーティのおつまみにも最適です。

RECIPE

材料
(作りやすい分量)

赤唐辛子&チリパウダー
カシューナッツ(素焼き・食塩不使用)……50g
レッドペッパーパウダー……小さじ1
チリパウダー……小さじ1

バジル&パセリ
カシューナッツ(素焼き・食塩不使用)……50g
ドライバジル……小さじ1
ドライパセリ……小さじ1

カレーパウダー&ターメリック
カシューナッツ(素焼き・食塩不使用)……50g
カレーパウダー……小さじ1
ターメリック……小さじ1

作り方
● カシューナッツをボウルに入れてオリーブオイル(分量外・小さじ1)をからめ、それぞれスパイスと塩(分量外・少量)をまぶす。

 Rie's advice

オリーブオイルは溶かしバターに置きかえてもOK。ヘルシー効果の高いアマニ油やえごま油など、種実類のオイルを使うのもよいでしょう。

TECHNICAL POINT

左の写真で紹介したスパイス以外にも、ナッツと相性のよい素材はいろいろあります。例えば、シナモン、ブラックペッパー、山椒、チーズ、あおさ、ココアパウダー(右の写真左から)など。そのほか、好みの素材でいろいろ試してみては?

		カロリー	糖質量
バジル&パセリ	●1食分〈7~8粒〉	66kcal	2.3g
赤唐辛子&チリパウダー	●1食分〈7~8粒〉	68kcal	2.5g
カレーパウダー&ターメリック	●1食分〈7~8粒〉	68kcal	2.4g

●ヘルシーメモ

カシューナッツには
亜鉛や鉄などのミネラルが多く含まれます。

低糖質食材の組み合わせでスナック菓子風に。

Crispy Cheese with Fresh Coriander

パクチーパリパリチーズ

ポテトチップなどのスナック菓子は高糖質&高カロリー。美と健康が気になる女性は控えたいところ。チーズをこんがり焼いてスナック菓子風にすれば、低糖質&高栄養で満足!

RECIPE

材料
〈6枚分〉

パルメザンチーズ……30g
（ピザ用チーズも可）
パクチー……5g
＊粗く刻んでおく

作り方
① テフロン加工のフライパンにチーズを6等分にして薄く広げ、上にパクチーを散らし、弱火にかける。
② 外側が溶けて焼き固まってきたら裏返し、パリパリになるまで焼く。

● ヘルシーメモ
乳製品の中でも特に、チーズにはカルシウムが豊富に含まれています。

●1食分〈3枚〉　カロリー・72kcal　糖質量・0.3g

枝豆×クリームチーズでたんぱく質リッチ!
Cheese Cubes with Green Soybeans

ずんだチーズキューブ

チーズのオフホワイトに枝豆のライトグリーンが映え、見た目もおしゃれ。
作り置きでき、ダイエット中でも楽しめる高たんぱく質のおやつです。

RECIPE

材料
〈12個分〉

枝豆……100g
クリームチーズ……100g
＊室温でやわらかくしておく
塩・こしょう・レモン汁
……各少量

作り方
① 枝豆はゆでてさやから取り出し、薄皮を取り除いておく。半量は粗みじん切りに、半量はそのままで。
② ①をボウルに入れ、やわらかくしたクリームチーズ、塩・こしょう・レモン汁を加え、ゴムべらで混ぜ合わせる。
③ ラップで包んで平らにし、6cm×8cm、厚さ1.5cm程度になるように形を整えて冷凍庫で30分冷やす。
④ 固まったら取り出し、キューブ状に12等分する。

●ヘルシーメモ
枝豆には、細胞の生成をサポートし、脳の老化を予防する葉酸が豊富です。

●1食分〈3個〉　カロリー・72kcal　糖質量・1.2g

CHAPTER 5
エナジースイーツ&野菜スイーツ

美と健康を考えるなら、おやつも、単に空腹を満たすだけではなく、
3回の食事で十分に摂取できていない栄養素を補えるようにしたいものです。
ストレスで多く消費されるビタミン類や、現代人の食事で不足しがちなミネラルなどを、
ナッツや野菜で上手に取り入れて。

ポリ袋ひとつで簡単に作れて、常温で保存できる!

Energy Bars
エナジーバー

小麦粉を大豆粉に置きかえて糖質を大幅にカット!
良質なオメガ3系脂肪酸を含むくるみと、ミネラルや食物繊維が豊富なレーズンを加えました。
コクのあるおいしさで、少量でも満足できます。

RECIPE

材料
(12本分)

薄力粉……10g
大豆粉……50g
くるみ……20g　＊粗く刻む
レーズン……20g　＊粗く刻む
ココナッツオイル(好みのオイルで代用可)……大さじ3

※ココア生地を作る場合は、上記の配合の「大豆粉50g」を「大豆粉45g・ココアパウダー(無糖)5g」に置きかえて、同様に作る。

作り方
① オーブンを170℃に予熱する。
② ポリ袋にすべての材料を入れ(下の写真)、生地がしっとりするまで手でよくもみ、ひとつにまとめる。生地がパサつくようなら、水(分量外)を少量ずつ様子を見ながら加える。
③ ポリ袋の上からめん棒で押さえ、6cm×12cm、厚さ1.5cm程度になるよう延ばす。12cmの辺を12等分に切り分ける。
④ オーブンペーパーを敷いた天板に、切り口を上にして並べ、予熱したオーブンで10分焼く。天板にのせたまま冷ます(焼き立ては崩れやすいので注意)。

Rie's advice
ナッツやドライフルーツの入った生地は崩れやすいので注意。混ぜ合わせたあと、オイルがしっかりと馴染んで生地がまとまってからカットするようにしましょう。

TECHNICAL POINT
材料をポリ袋に加えながら計量するとラク(p.123)。ポリ袋を秤の上に置き、薄力粉を10g量り入れたら、計量器が60gになるまで大豆粉を加え、80gになるまでくるみ、100gになるまでレーズンを。ココナッツオイルは、最後に大さじで量って加えましょう。

●ヘルシーメモ
くるみは脳の働きを活性化するオメガ3系脂肪酸や、細胞の老化を防ぐビタミンEが豊富。

●1食分〈1本〉　カロリー・66kcal　糖質量・2.5g

持ち歩いて、いつでも手軽にパワーチャージ！
Dried Fruit & Nut Balls
ドライフルーツ&ナッツボール

ドライフルーツやナッツなど、ビタミン&ミネラル豊富な素材をボール状に。
砂糖不使用。ドライフルーツの自然な甘みと酸味がポイントです。
噛みごたえもあるので、ひとつつまむだけでお腹もしっかり満たしてくれます。

RECIPE

材料

ココア
(直径3cmのボール状、8個分)

ドライプルーン(種なし)……50g
アーモンド(素焼き)……50g
ココアパウダー(無糖)……大さじ2
ココナッツオイル……小さじ1
＊ドライプルーンの質感によって調整する
仕上げ用ココアパウダー(無糖)……適量

ホワイト
(直径3cmのボール状、8個分)

ドライいちじく……30g
レーズン……30g
きなこ……30g
ココナッツオイル……大さじ2
＊ドライいちじくの質感によって調整する
仕上げ用ココナッツパウダー(無糖)……適量

作り方

ココア
① 材料をすべて(仕上げ用以外)、フードプロセッサーに入れて細かくする。
② ①を取り出し、直径3cmのボール状に丸める(左下の写真)。
③ 仕上げにココアパウダーをまぶす。

ホワイト
① 材料をすべて(仕上げ用以外)、フードプロセッサーに入れて細かくする。
② ①を取り出し、直径3cmのボール状に丸める(左下の写真)。
③ 仕上げにココナッツパウダーをまぶす。

TECHNICAL POINT
適当な大きさに切ったラップの上に、フードプロセッサーで細かくした生地を取り、ひとつひとつ丸めます。そのまま保存を。持ち歩きにも便利です。

Rie's advice
アプリコット、くこの実、クランベリーやくるみ、カシューナッツ、パンプキンシードなど、好みのドライフルーツとナッツでアレンジを楽しんで。固さは、入れるドライプルーンやドライいちじくの質感で変わってくるので、ココナッツオイルの量で調整を！

●ヘルシーメモ
ドライプルーンやいちじくには食物繊維のほか、ミネラル類が豊富です。

ココア●1食分〈1個〉　カロリー・57kcal　糖質量・3.8g
ホワイト●1食分〈1個〉　カロリー・68kcal　糖質量・6.0g

栄養豊富なごまをカリカリ食感で楽しむ。

Black Sesame Tuiles

黒ごまのチュイール

卵白に黒ごまをたっぷり混ぜた生地を薄く焼き上げます。
ここでは卵白を泡立てず、空気を含ませないよう静かに混ぜるのがポイント。
パリッとした軽い歯ざわりと香ばしいごまの香りがクセになるおいしさです。

RECIPE

材料
（直径6cm、10枚分）

A ┌ 卵白……30g
　└ 砂糖……小さじ2
B ┌ アーモンドパウダー……10g
　└ 薄力粉……5g
黒すりごま……5g
黒いりごま……5g

作り方
① オーブンを180℃に予熱する。
② ボウルにAの材料を入れ、泡立て器で卵白のコシを切る程度に軽く混ぜる（泡立てないよう静かに混ぜる）。
③ ②にBの粉類をふるい入れ、ごまを加えゴムべらで混ぜる。
④ オーブンペーパーを敷いた天板の上に、③をスプーンを使ってのせ、直径6cmくらいに薄く広げる（左下の写真）。
⑤ 予熱したオーブンで10分焼く。

TECHNICAL POINT

生地をスプーンで延ばす際には、生地が透けて少しオーブンシートが見える程度に薄く広げましょう（写真・左）。焼き上がりは平らなままでもOKですが、カーブをつけるとより本格的（写真・右）。オーブンから取り出したら熱いうちにすぐ、パレットナイフなどで取り、めん棒にのせてふきんで押さえます。冷めてからでは割れてしまうので手早く作業して。

● ヘルシーメモ

ごまにはセサミンやビタミンEなど、抗酸化の働きで知られる成分が豊富です。

● 1食分〈1枚〉　カロリー・36kcal　糖質量・2.6g

グリーン野菜がたっぷりとれる!

No-Bake Cheesecake with Broccoli and Parsley

ブロッコリーとパセリのレアチーズケーキ

ブロッコリー&パセリの爽やかな風味が、
ヨーグルトとレモン汁で酸味をきかせたチーズクリームとよく合います。
美肌や免疫力アップの働きを持つ抗酸化成分がたっぷりとれる、うれしいおやつ。

RECIPE

材料
(直径15cmの丸型1台分)

A ┌ クリームチーズ……150g
  │ ＊室温でやわらかくしておく
  └ ヨーグルト(無糖)……50g
生クリーム……100ml
レモン汁……大さじ1
┌ 粉ゼラチン……5g
│ ＊水にふり入れ、ふやかしておく
└ 水……大さじ2
ブロッコリー……50g
＊小房に分けてゆで、細かく刻み、水気を取る。
パセリ……10g
＊みじん切りにし、水気を絞る。

作り方

① ボウルにAを入れ、泡立て器で混ぜてなめらかにする。
② 生クリーム、レモン汁を順に少しずつ加えて混ぜ、ふやかしたゼラチンを電子レンジ(600W／10秒)で加熱して溶かし、加えて混ぜる。
③ ブロッコリーとパセリを加えて混ぜ(下の写真)、型に流す。冷蔵庫で1時間以上冷やし固める。

Rie's advice

ケーキの型に流して作るほか、1人分ずつグラスに入れたり、小さめのセルクルで固めたりして形のバリエーションも楽しんで(左のページ)。オリーブオイルをたらしたり、クラッカーを添えたりしてもおいしい!

TECHNICAL POINT

ブロッコリーはほろりと崩れるくらい、やわらかめにゆでるのがポイント。パセリはみじん切りにしたあと、しっかり水気を絞っておくと、仕上がりが水っぽくなりません。

● ヘルシーメモ

ブロッコリーやパセリには、
ビタミンCやβカロテンなどの抗酸化成分が。

● 1食分〈1/8カット〉　カロリー・128kcal　糖質量・1.4g

注目のスーパーフード、ビーツで見た目もキュート!

Mont Blanc with Beetroot

ビーツのモンブラン

さまざまな健康効果で話題のビーツを、チーズと合わせてお菓子に!
砂糖は隠し味程度にごく少量加え、ビーツの自然な甘味を楽しんで。
色鮮やかなピンク色のクリームは、インスタ映え間違いなし。

RECIPE

材料
(底の直径3.5cmのミニタルト型10個分)

ビーツ(缶詰)＊……100g
タルト生地(p.30)……100g
クリームチーズ……150g　＊常温でやわらかくしておく
メープルシロップ……小さじ1
生クリーム……50ml
飾り用ビーツ……適量　＊5mm角に切る

※生のビーツを使用する場合は、
　皮をむいて厚さ1cmの輪切りにし、
　やわらかくなるまで10分程度ゆでる。
　ゆで上がったら水気を取っておく。

作り方

① 水気を取ったビーツをしっかりつぶして、裏ごしする。
② オーブンを180℃に予熱する。
③ タルト生地を、バター(分量外・適量)を薄くぬって粉をはたいた型に敷き詰め、フォークを生地に刺して穴を開ける。予熱したオーブンで13分焼く。
④ ボウルにクリームチーズを入れて泡立て器でなめらかにし、①とメープルシロップを加えて混ぜ合わせる。
⑤ 生クリームを八分立てにして④に合わせ、絞り袋に入れて冷蔵庫で冷やしておく(絞りやすくなる)。
⑥ ③のタルトが冷めたら、⑤のクリームを絞る(左下の写真)。切ったビーツを飾る。

TECHNICAL POINT

クリームを絞るとき、絞りながら、絞り袋の位置をだんだん高くしてしまいがちですが、仕上げたい高さを保ったまままわすと、きれいな渦巻き状になります。また、まわすのがゆっくりすぎたり止まったりすると形が乱れるので、ある程度のスピードを保って絞ります。

Rie's advice

ビーツのつぶし方が粗いと絞り口に詰まってうまく絞れないので、ていねいに裏ごししましょう(生のビーツを使う場合はなるべくやわらかくゆでて)。ビーツ以外にも、かぼちゃ、人参、アボカドなどでもおいしくできます。クリームをよく冷やしておくと、きれいに絞れます。

● ヘルシーメモ

ビーツを食べることにより体内で作られるといわれるNO(一酸化窒素)に、血管をしなやかに保つ働きがあるとの研究結果が。

●1食分〈1個〉　カロリー・127kcal　糖質量・5.2g

トマトの美肌&老化予防効果をひんやりゼリー仕立てに。

Colorful Cherry Tomato Jelly

カラフルミニトマトのゼリー

トマトに含まれる健康成分といえば、ビタミンC、リコピンなどがありますが、そのいずれも、トマトよりミニトマトのほうに多く含まれています。白ワインの香りが漂う上品なゼリーにトマトの酸味がよく合います。

RECIPE

材料
(80mlのグラス4個分)

ミニトマト(赤、黄、グリーンなど)……12〜16個
レモン(薄切り)……1枚
A ┌ 白ワイン……150ml
　├ 水……100ml
　└ アガベシロップ……大さじ1
┌ 粉ゼラチン……5g
│ ＊水にふり入れ、ふやかしておく
└ 水……大さじ2
セルフィーユ……適量

作り方
① ミニトマトは熱湯に30秒くぐらせ、皮をむいておく。レモンは放射状に8等分に切る。
② 小鍋にAの材料を入れて弱火にかけ、沸騰させてアルコールをとばしたら火を止め、ふやかしたゼラチンを入れてよく溶かす。
③ ②をボウルに移し、ボウルの底を氷水に当てて粗熱を取る。
④ ひとつのグラスにつきミニトマト3〜4個、レモン2切れを入れ、上から③を注ぎ入れる。冷蔵庫で1時間冷やし固める。セルフィーユを飾る。

Rie's advice

デザートやティータイムのおやつのほか、おもてなし料理の前菜としてもおすすめ。きりっとよく冷えた白ワインやスパークリングワインと相性抜群。食欲もぐっとそそられます。

TECHNICAL POINT

近年、スーパーマーケットの野菜売り場には黄色、オレンジ、茶色、グリーンなど、色とりどりのミニトマトが並んでいます。味も酸味の強いものから甘いものまでいろいろ。好みのものを選んで使いましょう。

●ヘルシーメモ

ミニトマトには、
老化予防や美肌を助けるビタミン類やリコピンが豊富。

●1食分〈1個〉　カロリー・55kcal　糖質量・6.0g

おもてなしに、アンチエイジングデザート。
Yellow and Red Bell Pepper Mousse
パプリカの2色ムース

パプリカはその栄養価の高さで人気の食材。美しい彩りも魅力です。
ほんのりとした苦味とやさしい甘味を生かした新感覚スイーツに仕上げました。
ゲストにお出しすれば、そのおいしさに喜ばれること間違いなしです。

RECIPE

材料
(100mlのグラス4個分)

パプリカ(赤)……100g
パプリカ(黄)……100g
生クリーム……100ml
アガベシロップ……大さじ1
┌粉ゼラチン……5g
│＊水にふり入れ、ふやかしておく
└水……大さじ2
飾り用ミントの葉……4枚
飾り用生クリーム……適量

作り方
① ブレンダーに、ゆでて皮をむいた赤パプリカ(左下の写真)、生クリーム(50ml)、アガベシロップ(大さじ1/2)を加えてペースト状にする。黄色のパプリカも同様にしてペースト状にする。
② ふやかしたゼラチンを電子レンジ(600W/10秒)で溶かし、①の赤、黄それぞれのペーストに半量ずつ加えてよく混ぜる。
③ グラスに②の赤、黄どちらか一方のムースを半量入れ、冷蔵庫で15分ほど冷やし固める。もう一方の色のムースを上から注ぎ入れ、同様に1時間冷やし固める。上面に泡立てた生クリームを絞り、ミントの葉を飾る。

TECHNICAL POINT
パプリカの皮をむく際は、焼くと焦げ臭くなることもあるので、ゆでるかレンジでの加熱がおすすめです。やわらかめにゆでると皮がむきやすくなります。電子レンジを使用する場合はカットしたパプリカを耐熱容器に入れて加熱(600W/3分)を。

 Rie's advice
早く固めたいときは、小さめのグラスを使用するとよいでしょう。半分の大きさ(容量50ml)のグラスを使えば8個作れて、時間短縮にもなります。

●ヘルシーメモ
パプリカには細胞の老化を防ぐといわれる
β-カロテン、ビタミンC、ビタミンEがそろっています。

●1食分〈1個〉　カロリー・138kcal　糖質量・6.4g

元気パワー豊富な長いもを、蒸してもっちり食感に。

Chinese Yam Steamed Cake

長いものスチームケーキ

長いもと上新粉で作る、蒸し菓子。
ふんわり&もっちりの食感と、ほんのりとしたやさしい甘味が特徴です。
抗酸化成分を含むかぼちゃと紫いもを加えて、より栄養豊富に!

RECIPE

材料
(15cm×15cmの角型1台分)

長いも……100g　＊皮をむいてすりおろす
砂糖……大さじ2
上新粉……80g
水……60〜65ml　＊長いもの水分によって加減する
卵白……40g

〈生地と具材のバリエーション〉
かぼちゃ
かぼちゃフレーク……大さじ2　＊上記の水で溶かしておく
かぼちゃ……50g　＊1cm角に切る

紫いも
紫いもフレーク……大さじ2　＊上記の水で溶かしておく
さつまいも……50g　＊1cm角に切る

作り方
① ボウルに長いも、砂糖、上新粉を入れ、泡立て器でよく混ぜる。水で溶かしておいたかぼちゃ（または紫いも）フレークを加えてよく混ぜる。
② 別のボウルに卵白を入れてメレンゲを作り(p.119)、半量ずつ2回に分けて①に加え、その都度"すくってトントン(p.120)"で混ぜる。メレンゲの泡をつぶさないように混ぜること。
③ ②の生地を、オーブンペーパーを敷いた型に流し入れ（下の写真）、上にかぼちゃ（またはさつまいも）を散らす。
④ 蒸気の上がった蒸し器に入れて、強火で30分蒸す（竹串を刺して何もついてこなければできあがり）。冷めたら16個に切り分ける。

Rie's advice

野菜をそのまま角切りにして混ぜ込んだり、歯ごたえ小豆(p.110-111)やドライフルーツを加えたりするのもおすすめです。生地は抹茶、ナッツ、ごま、ねりごまなどでアレンジしても。私は、何も入れずに生地のおいしさをシンプルに味わうのも好きです。甘味も好みのものを。黒糖を使うのもおいしいですよ！

TECHNICAL POINT

加える水の分量は、右の写真の生地の状態を参考に調整して。パウンドケーキの型やケーキの丸型など、手持ちの型で作れます。また、生地をそれぞれ半量ずつ入れて2色にしても。

●ヘルシーメモ

		カロリー	糖質量
かぼちゃ	●1食分〈1/16カット〉	29kcal	6.1g
紫いも	●1食分〈1/16カット〉	24kcal	6.7g

長いもに含まれるネバネバ成分は食物繊維。
美腸や血糖値上昇抑制に効果があります。

CHAPTER.6
ほっこり和スイーツ

小豆、抹茶、甘酒など、和菓子に使われる日本の伝統食材には健康効果の高い成分が豊富。
海外でもこれらの食材は「スーパーフード」として注目を集めています。
従来の和菓子より甘さ控えめに仕上げた和スイーツは、素材本来のおいしさも味わえて、よりヘルシー。
ていねいにいれたおいしい緑茶と一緒にいただくひとときは、心がほっこりなごみます。

甘酒の自然な甘味を生かして、砂糖不使用。

Amazake Jelly

甘酒ようかん

甘酒は、体や脳を動かすエネルギー源のブドウ糖をはじめ、
アミノ酸、ビタミン、ミネラルが豊富なエナジードリンク。
米を発酵させることで生まれた自然な甘味で、体にやさしいスイーツに。

RECIPE

材料
(高さ4cm・600mlの容器1個分)

粉寒天……4g
水……100ml
甘酒(米麹)……400ml
抹茶……小さじ1
＊湯50mlで溶いておく

作り方
① 小鍋に寒天と水を入れて、かき混ぜながら中火にかけて寒天を溶かし、沸騰させてから1〜2分加熱する。
② ①に甘酒を加えて(下の写真)ひと煮立ちさせ、容器に流し入れる。
③ 粗熱が取れたら冷蔵庫に入れて冷やす(常温でも固まるが冷やしたほうがおいしいので冷蔵庫へ)。
④ 10cmの辺を2等分、15cmの辺を8等分して16個に切り分ける。皿に盛り、周囲に湯で溶いた抹茶を流し入れる。

Rie's advice

甘酒には、日本酒を作る際にできる酒粕を加えて作る「酒粕甘酒」と、米麹を使って米を糖化させた「米麹甘酒」があります。ここで使用しているのは「米麹甘酒」。アルコール分はいっさい含まれていないので、子どもや妊娠中の女性も安心して食べられます。

TECHNICAL POINT

寒天と水を1〜2分ふつふつと沸騰させて煮詰めてから、甘酒を加えること。煮詰め方が足りないと固まりにくくなるので注意しましょう。

● ヘルシーメモ
甘酒には、腸内環境を整える食物繊維やオリゴ糖、疲労回復に役立つビタミンB群も豊富。

●1食分〈1/16カット×2切れ〉　カロリー・41kcal　糖質量・9.0g

米粉を使ってもっちもち！ グルテンフリーもうれしい。

Matcha Steamed Cake made with Rice Flour

抹茶と米粉のスチームケーキ

米粉はグルテンフリー。グルテンを控えたい人も安心して食べられます。
また、小麦粉は混ぜすぎるとグルテンの働きで固くなってしまいますが、
米粉はその心配がないので、初心者も気楽に作れます。

RECIPE

材料
（底の直径3.5cmのカップ8個分）

A ┬ 米粉……60g
　├ 大豆粉……30g
　├ 抹茶……5g
　├ ベーキングパウダー……小さじ1
　└ 砂糖……大さじ2
牛乳……150ml
ゆで小豆※（トッピング用）……適量

※p.110の「歯ごたえ小豆」を使用。

作り方
① ボウルにAの材料を入れ、泡立て器で混ぜる。
② 牛乳を加え、ゴムべらで粉っぽさがなくなるまで混ぜる。プリンカップの中にカップケーキ型（紙、またはアルミ箔製）を入れて、生地を流し入れる。好みでゆで小豆を散らす。
③ 鍋にふきんを敷いて水を入れ、沸騰させる。ふきんの上にプリンカップを並べ（下の写真）、ふたをして沸騰を保ったまま、強火で8分蒸す。竹串を刺して何もついてこなくなればできあがり。

Rie's advice
抹茶だけではなく、ココアパウダー、ごま、野菜パウダー、きなこなど好みのものを混ぜて作ってみましょう。トッピングも小豆以外に、角切りにしたさつまいも、ドライフルーツなどで楽しんで。

TECHNICAL POINT
沸騰しても型がガタガタと動かないよう、底にペーパーやふきんを敷いて安定させます。プリンカップがない場合は、ココットや湯のみ茶碗などで代用すればOK。強火で一気に蒸し上げるときれいな割れ目が入ります。

●ヘルシーメモ
茶葉に含まれるポリフェノールのひとつ、茶カテキンは抗酸化成分。アンチエイジングの効果が期待されています。

●1食分〈1個〉　カロリー・66kcal　糖質量・9.6g

栄養豊富な干し柿を上品なスイーツ仕立てに。

Arrowroot Pudding with Dried Persimmon

干し柿のくず餅

干し柿といえば、日本の伝統的なドライフルーツ。上品な甘味と、独特のねっとりとした食感が魅力です。
柿の栄養がぎゅっと凝縮されている点にも注目。
甘さ控えめのくず餅と組み合わせることで、干し柿のおいしさが引き立ちます。

RECIPE

材料
（10cm×12cmの耐熱容器1個分）

A ┌ くず粉……40g
  │ 水……150ml
  └ 砂糖……小さじ2
干し柿……2個

作り方
① 小鍋にAの材料を入れて中火にかける。へらでかき混ぜながら加熱する。
② 耐熱容器の底に薄く広げた干し柿を並べる（左下の写真）。
③ ①に透明感が出て糊状になったら、②に流し入れ、表面を平らにする。
④ 蒸気の上がった蒸し器に入れて強火で15分蒸す。冷ましてから、12等分に切る。

TECHNICAL POINT

干し柿は中心に切れ目を入れて種を取り除き、切り口を両側に開いて薄く広げましょう。厚みを均等に、外側の少し薄い部分には、もうひとつの干し柿が重なるように並べて。

 Rie's advice

干し柿を、プルーンやあんずなど、別のドライフルーツに置きかえてもおいしくできます。

● ヘルシーメモ

柿は干すことでビタミンCは減少しますが、ミネラル類や食物繊維、β-カロテンが凝縮されます。

●1食分〈1/12カット〉　カロリー・22kcal　糖質量・5.0g

注目のブレインフード、くるみをよりおいしく!

Yubeshi with Walnuts

くるみたっぷりのゆべし

良質な脂質を含むくるみを使ったゆべしは、日本の伝統菓子。
その栄養価の高さから、昔は保存食や携帯食として用いられていたとのこと。
隠し味に加えるしょうゆの香ばしい香りと塩気が、味を引き締めています。

RECIPE

材料
(10cm×12cm、1枚分)

A ┌ 白玉粉……50g
  │ 黒糖……20g
  │ 水……60ml
  └ しょうゆ……小さじ1
くるみ……30g　＊粗く砕いておく
片栗粉……適量

作り方
① Aの材料をすべてボウルに入れ、白玉粉が溶けるまでゴムべらで混ぜる。
② ざるで漉し、耐熱容器に入れる。
③ ②の上にふんわりとラップをかけ、電子レンジ(500W／1分30秒)で加熱する。
④ 砕いたくるみを加えて混ぜ、さらに電子レンジ(500W／1分30秒)で加熱する。粉の白っぽさが消えて、透明感が出ればOK。加熱が足りなければ、10秒ずつ様子を見ながら加熱する。
⑤ 透明感が出てきたら、片栗粉を敷いたバットの上に④をのせ(下の写真)、10cm×12cmの大きさに手早く平らに広げる(熱いので注意)。
⑥ 12等分に切る。

Rie's advice

くるみを、アーモンドなどの好みのナッツ類に置きかえてアレンジが楽しめます。また、黒糖を使うことで独特の濃厚な風味が出ますが、きび砂糖でもおいしくできます。

TECHNICAL POINT

バットの上に片栗粉を薄く広げたところに、ゆべしをのせて成型するときれいな形に仕上がります。手で軽く押さえ、四角くなるように形を整えて。

●ヘルシーメモ
くるみは脳を活性化するオメガ3系脂肪酸や、細胞の酸化を抑えるポリフェノールが豊富です。

●1食分〈1/12カット〉　カロリー・39kcal　糖質量・5.0g

小豆本来の風味と、コリコリ食感を楽しんで！

Al dente Adzuki Beans

歯ごたえ小豆

小豆をあえて固めにゆでて、その歯ごたえを楽しみましょう。
しっかりと噛むことで、豆本来の甘味と旨味が感じられ、砂糖は少なくてもおいしい！
作り置きすれば、ほかのさまざまなレシピにも生かせます。

RECIPE

材料
（作りやすい分量）

小豆（大納言など）……100g
水……400ml
砂糖……大さじ1

豆乳ゼリー
豆乳……300ml
┌ 粉ゼラチン……5g
│ ＊水にふり入れ、ふやかしておく
└ 水……大さじ2
アガベシロップ……大さじ1

作り方

① 小豆はたっぷりの水（分量外）でゆで、3回ゆでこぼす。
② 分量の水を加えて火にかけ、沸騰したら中弱火にして（小豆がゆらゆらと躍る程度）、約20分煮る。
③ 砂糖を加え、水分がほぼなくなるまで煮る。

豆乳ゼリー

● 豆乳にアガベシロップを入れ、ふやかしたゼラチンを電子レンジ（600W／10秒）で溶かして加え、混ぜる。型に流し入れ、冷蔵庫で冷やし固める。

Rie's advice

小豆は、糖分が入ると固くなるという性質を持っているので、一般的には、やわらかく煮るために、小豆が十分やわらかくなってから砂糖を加えます。でも、このレシピでは、あえて早めに砂糖を加えて歯ごたえを残して仕上げています。そのまま食べてもよし、ナッツやドライフルーツ感覚でトッピングにしてもよし。シフォンケーキ（p.15）、おからブレッド(p69)、ゆべし(p.109)などに使うのもおすすめです。

1. 好みの小豆を使用して作ってみましょう。左は一般的な小豆。右は大納言
2. 牛乳と合わせてカルシウムも補給。アイスでもホットでもおいしい
3. 甘さ控えめの豆乳ゼリーを組み合わせたすっきりとした味わい
4. 甘酒をかけるのも美味。甘酒は、米と麹だけで作られた、砂糖不使用のものを

● ヘルシーメモ

小豆は栄養の宝庫。良質のたんぱく質や食物繊維、ビタミンB類、カリウムが豊富。

1. 基本の歯ごたえ小豆 ● 1食分〈1/10量〉　カロリー・37kcal　糖質量・5.0g
2. 牛乳と合わせて ● 1食分〈1/10量〉　カロリー・103kcal　糖質量・9.7g
3. 豆乳ゼリーとともに ● 1食分〈1/10量〉　カロリー・58kcal　糖質量・7.1g
4. 甘酒をかけて ● 1食分〈1/10量〉　カロリー・49kcal　糖質量・7.7g

1 2
3 4

砂糖を使わず、豆腐のほのかな甘味を味わう。

Tofu and Rice-flour Dumplings

豆腐白玉団子

豆腐を加えたお団子にきなこをふりかけ、大豆の健康パワーをダブルで摂取。
豆腐の自然な甘味ときなこの香ばしさで、砂糖の甘味なしでもおいしさが広がります。
ココアや抹茶の風味のバリエーションを楽しんで。

RECIPE

材料
（直径1.5cm、15個分）

絹ごし豆腐……60g
白玉粉……50g
ココアパウダー（無糖）……小さじ1/3
抹茶……小さじ1/3
きなこ……適量

作り方
① 豆腐と白玉粉をボウルに入れ（下の写真）、手で豆腐を崩しながらなめらかになるまで混ぜる。
② ①を3等分し、1つはそのまま、残り2つにはそれぞれココアパウダー・抹茶を混ぜる。
③ 各色の生地を5等分にし、それぞれ手のひらで転がして丸める。
④ 大きめの鍋に湯を沸かして白玉を入れ、浮いてくるまでゆでる。ゆで上がったら水にとって冷ます。
⑤ 水気をきって皿に盛り、きなこをふりかける。

Rie's advice

生地にごまや砕いたナッツを入れるのもおすすめ。また、仕上げのきなこの代わりに甘酒をかけたり、歯ごたえ小豆(p.110)を添えるのもよいでしょう。

TECHNICAL POINT

豆腐は粉の入ったボウルにそのまま入れ、崩しながら粉っぽさがなくなるまで手で混ぜます。使う豆腐によって含まれる水分量が異なるので、少しずつ、生地の様子を見ながら豆腐を足して、ほどよい固さに調整してください。耳たぶくらいの固さがベストです。

●ヘルシーメモ
豆腐の原料、大豆には女性ホルモンに似た働きを持つイソフラボンが含まれています。

●1食分〈3個〉　カロリー・45kcal　糖質量・8.1g

ごまの香りを生かして、甘味は大幅カット！

Soy Milk Pudding with Black Sesame

黒ごま豆乳プリン

ごまの濃厚な旨味と香ばしさがおいしさの決め手。
豆乳とも相性がよく、コクがあるのにあっさりとしたあと味のデザートに仕上がります。
つるりとなめらかな口あたりを楽しんで。

RECIPE

材料
（120mlのグラス4個分）

A ┌ 黒ねりごま……大さじ1
　├ 黒すりごま……大さじ1
　└ 豆乳……200ml
全卵……60g　＊ときほぐしておく
はちみつ……大さじ1 1/2

作り方
① Aの材料を耐熱容器に入れ、電子レンジ（600W／1分）で加熱する。
② ボウルに卵液、はちみつを入れて混ぜ合わせ、①を少しずつ加えて泡立て器で混ぜ合わせる。ざるなどで漉して、グラスに注ぎ入れる。
③ 深めのフライパンにふきんを敷いてグラスを並べ、グラスのまわりに水を高さ1cmくらい注ぎ、弱火にかける。
④ 周囲の水がふつふつしてきたら、上にペーパーをのせて、ふたをして7〜8分蒸す。固まったら（固まっていなければ固まるまで蒸す）、火からおろし、粗熱が取れたら冷蔵庫で冷やす。

TECHNICAL POINT

ごま製品は用途に応じて使い分けを。すりごま（左）はほどよい食感を残したいお菓子に。ねりごま（中央）は濃厚な風味となめらかな食感を生かしたいときに。プチプチの食感や見た目のアクセントにはいりごま（右）を。なお、ごまの表面は固い表皮でおおわれているので、ねりごまやすりごまのほうが栄養の吸収はよくなります。

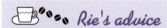 Rie's advice

豆乳をあらかじめ温めてから、卵液と合わせるのがポイント。冷たいまま混ぜ合わせると蒸し時間が長くなり、口あたりが悪くなってしまいます。

● ヘルシーメモ

豆乳にはたんぱく質が豊富。
低脂肪で腹持ちがいいという点も人気。

●1食分〈1個〉　カロリー・120kcal　糖質量・8.2g

沼津りえがテクニック&豆知識を伝授！

RIE's COLUMN

この本で紹介したレシピを、より上手に、確実に仕上げるテクニックや、
積極的にとるべき栄養についてお伝えします。

lecture 1
ふんわり生地の決め手は**メレンゲ**。
失敗なしの神ワザをマスターして！ ……… 118

lecture 2
目指す仕上がりに合った
混ぜテクを極める！ ……… 120

lecture 3
初心者から脱する決め手は
仕上がりをランクアップさせる**ミニコツ** ……… 122

lecture 4
おやつ&スイーツを賢く楽しむために！
きれいと元気をくれる**栄養の話** ……… 124

RIE's WISH
パティシエであり、料理人であり
管理栄養士である、私の思い ……… 126

Rie's lecture 1
ふんわり生地の決め手は**メレンゲ**。失敗なしの神ワザをマスターして!

シフォンケーキやスフレなどの生地がふんわり膨らむのは、卵白を泡立てて作るメレンゲの力によるもの。
しっかりとした泡立ちのメレンゲを作れるようになれば、生地は必ず膨らみます。
メレンゲは時間がたつとどんどん気泡がつぶれていくので、できあがったらすぐに使うようにしましょう。

スタートから手を休めない！気合いを入れ、一気に仕上げる！

1
冷蔵庫で冷やした卵をボウルに割り入れ、卵黄を傷つけないよう手でやさしくすくい出します

2
卵白のコシを切るように、泡立て器を、ボウルの内側に打ちつけて、左右に手早く動かします

3
砂糖は3回くらいに分けて加えます。コシが切れて不ぞろいな泡が出てきたら1回目を投入

4
ボウルを斜めに傾け、泡立て器を上から下へ打ち下ろすように回転させて泡立てます

5
卵白が白っぽくなり、少しもったりとしてきたら、2回目の砂糖を投入します

6
④と同様に、手早くリズミカルに回転させます。右手が疲れてきたら左手に持ち替えて

7
⑤の状態よりもさらにもったりとし、細かな泡になってきたら、3回目の砂糖を投入

8
もったりとし、泡立て器で持ち上げたときツノが立つようになったら（まだ先端は下を向く）⑨へ

9
泡立て器が垂直になるよう持ち替えて、円を描くようにぐるぐるとかき混ぜます

10
きめ細かくなり、気泡が均一にそろってきたらあともう少し。ピカッと光るつやが出たら完成

11
泡立て器ですくって縦にすると、鷲（わし）のくちばしのようなきれいなカーブを描くのが理想

Rie's lecture 2
目指す仕上がりに合った 混ぜテクを極める!

おやつ&スイーツ作りでは、「混ぜる」動作がたくさん出てきます。ひと口に「混ぜる」といっても、合わせる材料やその状態、目指す仕上がり感などによって混ぜ方が異なります。それぞれの混ぜ方をしっかりおさえておきましょう。

"すくってトントン"で メレンゲの気泡を つぶさないよう混ぜる

"すくってトントン"とは、私がレッスンで生徒さんにわかりやすく説明しようとして生まれた言葉。メレンゲと何か(泡立てた卵黄や粉類など)を混ぜ合わせるときに使います。生地を大きくすくい、ボウルに自然にトンと落として戻すイメージで、右のイラストの動作を繰り返します。混ぜすぎると気泡がつぶれるので注意を。

すくって……
泡立て器をボウルの外側から内側に向かって大きく動かして、生地をたっぷりとすくいます

トントン……
泡立て器を持った手の手首を上下にやさしく動かし、すくい上げた生地をボウルに落とします

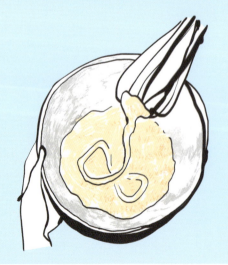

全卵は白くもったりするまで しっかりと泡立てる

お菓子作りでよく用いるのが、全卵のまま泡立てる「共立て法」と、卵黄と卵白を別々に泡立てる「別立て法」。共立て法は別立て法よりも、泡立ちにくいので、ボウルの底を湯煎(40℃前後の湯を使用。卵液が34℃くらいになったら湯煎からはずす)しながら泡立てるとよいでしょう。なお、粉類を加える際は、必ず卵液が冷めてから加えます。

8の字を描くように泡立て器で生地をボウルに垂らすと、8の字がしばらく残るような固さに

バターと砂糖の混ぜ方は2通り。空気を含ませるか含ませないか?

バターと砂糖の混ぜ方には2通りあるので、用途に合わせて使い分けを。パウンドケーキのようにふんわり仕上げたい場合は、空気を含ませてクリーム状にします。タルトのようにさっくり仕上げたい場合は空気を含ませず、バターと砂糖をすり合わせるように馴染ませます。

空気を含ませたくない場合は、泡立て器を立てて、ボウルの底をさらうようにして混ぜます

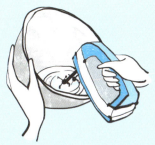

泡立て始めはかさが少ないので、ボウルもミキサーも斜めに傾けて。ワイヤーを均等に当てます

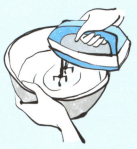

かさが増えてきたらボウルもハンドミキサーも垂直に。ゆっくりと「の」の字を描いて

ハンドミキサーは動かし方とスピード調整で完璧な泡立ちに

卵やクリームの泡立てにはハンドミキサーを使うのもよいでしょう。最初は高速で。かさが増えてきたら、「の」の字を書くようにまんべんなくミキサーを動かして。もったりとしてきたら低速に切り替えます。気泡が大きいところにワイヤーを当てるような気持ちで。最後は泡立て器に持ち替えて手で仕上げます。

重さの異なる生地を混ぜる際は「あいさつ」をしてから徐々に

メレンゲのような「軽いもの」と、卵黄を泡立てたものやチーズのように「重く固いもの」。重さや質感がまったく異なる2つの生地は、いきなり混ぜるとダマができたり、固まったりしてきれいに混ざりません。まずは素材同士をあいさつさせて、固さや質感の違いを小さくしてから混ぜ合わせます。

例えば、卵黄を泡立てた重たい生地にメレンゲの軽い生地を混ぜるとき、まずはメレンゲの一部を卵黄の生地に加えてゆるめます

「あいさつ」(左の作業)を2回繰り返し、ほどよくゆるんだ卵黄の生地をメレンゲに戻します

Rie's lecture 3
初心者から脱する決め手は、仕上がりをランクアップさせるミニコツ

間違った方法を身につけてしまうと、仕上がりが悪かったり、時間がかかったり……。
レシピでは説明しきれなかった、ちょっとした作業のコツや、
仕上がりにぐっと差がつくワンポイントを、ここでお伝えしましょう。

きれいに絞るポイントは絞り袋を支える手と腕の形

空気が入らないよう絞り袋の入れ口のほうをねじり、親指と人差し指の付け根でしっかりはさみます。絞り出す前に手を口金に向かって少しすべらせて、袋をパンパンにし、生地が口金の先までくるようにします。

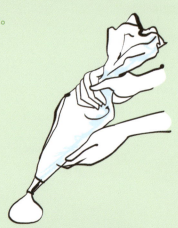

指先だけでなく手のひら全体で袋を握って絞る。腕がブレないよう脇はしっかりしめて

生地を型に流すときは手数を少なく、さっと

泡立てた生地は、いじるほど、気泡がつぶれて固くなります。ボウルを傾けて型に流し込んだら、ボウルに残っている生地は3回くらい、ゴムべらでさっとなぞる程度に。ていねいに何度もこそげ取るのはNG！

最後に生地を流し入れた中心部から、外側に向かってぐるぐるっと生地の表面に円を描きます

余分な空気を抜いてきめ細かでなめらかな焼き上がりに

焼いたあと、型をテーブルに落として底に軽く衝撃を与えると、余分な空気が抜けて気泡が整います。焼く前に同様の作業をする方法もありますが、泡がつぶれて膨らまない危険性もあるので焼いたあとがおすすめ。

仕上げの菜箸クルッで生地の気泡が均一に

型に生地を流し入れる際、最後はゴムべらを使ってボウルの底をさらうようにして入れるので、どうしても少し気泡がつぶれ気味。そこで、菜箸を使って、最初のほうに流し入れた生地と馴染ませて気泡を均一に。

計量は正確に。
余分な手間を省くテクも使って

材料は正確に量りたいもの。スケールはアナログよりも、1g単位で細かく量れるデジタルのものがおすすめです。またスプーンは、必ず計量用のものを使用しましょう。なお、粉類を量るときは、ボウルをスケールにのせ、粉類を次々に加えながら量ればOK。少しでも洗い物を減らすことができます。

焼く温度や時間は
自分のオーブンに合わせて調整を

オーブンは機種により、火の入り方に違いがあります。この本に掲載しているのは、比較的パワーがあって温度も安定しているガスオーブンの温度と時間。小さめの家庭用電気オーブンを使用している人は、「焼き色がつかない」「膨らまない」場合、10〜20℃くらい高めに予熱し、生地を入れたら本来の温度に戻してみて。

ポリ袋の中で混ぜ合わせる場合（p.36、75、85など）は、ボウルにポリ袋をセットして計量

タルト生地は冷やして作業を。
室温にも気を配って

タルト生地はだれやすいので、延ばしたり、型に敷き込んだりといった作業をする際は、必ず冷蔵庫で冷やしてから行い、できるだけ手早く。夏はクーラーを入れたり、冬は暖房を切ったり、少し寒いくらいの室温に調整しましょう。なお、ちょっとだれてきたなと思ったら、再度冷蔵庫で冷やしてから続きの作業を。

生地の仕上がりを左右する
泡立て器とゴムべらの選び方

泡立て器
ボウルの大きさに合ったサイズで、持ってみて重すぎると感じないものを選ぶようにしましょう。ワイヤーがしっかりしていて本数が多いほうが素早く、力強く、泡立てることができます。

ゴムべら
生地やクリームを混ぜ合わせたり、ボウルに残った生地をすくい取るために重要な道具。弾力があり、ほどよくしなるものがよいでしょう。耐熱性のものを選ぶと、加熱しながらも使えて便利。

泡立て器は長さ30cm、幅（いちばん広い部分）8cmくらいのものが使いやすい。ゴムべらはシリコン製で柄とへらの部分がつながっているものが洗いやすく衛生的

Rie's lecture 4

おやつ&スイーツを賢く楽しむために！
きれいと元気をくれる**栄養の話**

近年、低糖質の食生活を心がける人が増えています。
でも、なぜ糖質の摂取量を減らすことが大切なのでしょうか？
また、その代わりに積極的にとりたい栄養とは？
改めておさらいしておきましょう。

1
糖質の過剰摂取は肥満のほか老化・生活習慣病の原因にも！

食べ物から摂取した糖質は、消化吸収を経て血液中に取り込まれます。糖質は大切なエネルギー源で活動で消費されますが、大量にとりすぎ、活動で消費されなかった余分な糖はやがて中性脂肪に形を変えて肥満の原因に。さらに、余分な糖質は血管を硬くし、肌のたるみやくすみといった老化を早める原因になります。

2
現代人はかなりの糖質過多。糖質は"控えめ"を心がけたい！

ご飯やパン、麺類が主食の一般的な食生活では、知らず知らずのうちに、どうしても糖質過多に。間食も糖質の過剰摂取の大きな原因です。糖尿病が気になる人やダイエットに励む人はもちろん、それ以外の人も「少し糖質控えめ」を心がけるだけで、その後の自分に大きな違いが出てくるはず。

3
糖質をオフした分、キレイと元気をつくる栄養をオン！

この本で紹介したおやつ&スイーツは、糖質を減らした分、きれいと元気を作る栄養がたくさんとれるよう工夫しています。それが右ページで説明している栄養素。これらの栄養素はおもに食事からとるものですが、おやつやスイーツなどの間食でも補うとさらに効果的。美と健康づくりの強い味方になります。

4
間食は我慢せず、むしろ、積極的に上手にとること！

間食はしないほうがよい、と考えがちですが、最近は適度な間食が勧められるようになっています。なぜなら、空腹の時間が長く続くと、体内はちょっとした飢餓状態。次の食事で入ってきた糖質を、血液中に猛スピードで取り込んでしまいます。極度な空腹状態をつくらないよう、おやつを賢く取り入れたいですね。

三度の食事以外でも意識してとりたい成分&食材

たんぱく質

筋肉や肌、髪、骨、血液など、体をつくるための材料となる重要な栄養素。不足すると、体力や免疫力の低下、肌荒れや抜け毛の原因にもなります。大豆粉やきなこ、牛乳、チーズなどの乳製品、卵に多く含まれています。

食物繊維

不溶性と水溶性があり、どちらも腸内環境を整えてくれます。さらに、水溶性食物繊維には、腸内で余分な糖質や脂質が吸収されるのを抑える働きがあり、ダイエットに効果的。大豆粉やおから、全粒粉、果物、野菜に豊富。

ビタミン類

糖質や脂質の分解を促す働きのビタミンB群や、老化予防に役立つビタミンEはごまやアボカド、ナッツ類に。また、細胞を傷つける活性酸素を除去し、美肌に役立つビタミンCはフルーツや野菜に多く含まれます。

フィトケミカル

植物に含まれる色素、香り、苦みなどの成分で、細胞の酸化を防いで老化予防に役立ちます。ココアに含まれるポリフェノール、抹茶に含まれるカテキン、トマトに含まれるリコピンなどがよく知られています。

ミネラル類

血液の材料となる鉄、骨の材料となるカルシウム、体の調子を整える働きのマグネシウムなど。さまざまなミネラル類が体調管理のために多様な働きをします。乳製品やナッツ類にはミネラル類がバランスよく含まれます。

イソフラボン

大豆に含まれるポリフェノールの一種。体内で女性ホルモン「エストロゲン」様の働きをします。女性の体型を保ち、骨からのカルシウム流失を防いで骨粗しょう症を予防するなど、更年期世代の女性にうれしい働きが。

RIE's WISH

パティシエであり、料理人であり管理栄養士である、私の思い

この本で紹介した「糖質を10g以下に抑えた、きれいと元気をくれるおやつ&スイーツ」は、さまざまな形で25年間、食の仕事に携わる中で積み重ねてきた、私の思いから生まれました。そんな思い入れたっぷりの47品に、私が辿りつくまでのストーリーを少しお話しさせてください。

体にやさしく、心をハッピーにするおやつ&スイーツが、この先もずっと、たくさんの人から愛されることを願って

近年、美容と健康を気づかう人たちの間では、「糖質のとりすぎは肥満や老化の原因。控えめを心がける」というのが常識になりつつあります。そして、砂糖や小麦粉など、糖質を多く含む食材を使ったおやつやスイーツは、ちょっと避けられがち。確かに私も、管理栄養士という立場から言うと、積極的におすすめすることはできません。

でも、実は私が食の仕事を目指す原点となったのは、子どもの頃夢中になって作ったクッキーやケーキ。本格的なスイーツ作りがしたくて、お年玉をためてマイオーブンを買ったほど。ですから、私にとっておやつやスイーツは愛おしい存在。決して悪者にはしたくありません。

それに、私にとって、家族や友人とおやつを囲んで語り合うティータイムは、かけがえのない至福のひととき。それをなくしてしまうなんて、考えられません。そして、私と同じ気持ちの人はきっとたくさんいるはず……。そう思い、数年前から、本格的に糖質をできるだけ減らしたおやつ&スイーツを試作するようになりました。

糖質量を抑えるために、まず考えなくてはならないのはやはり、なんと言っても砂糖の量を減らすこと。その点、私が作るスイーツはもともとどれも、一般的なものと比べて砂糖の量はかなり控えめ。というのも、私はできるだけ素材の味を生かしたいと思っていたからです。

そんな風に考えるようになったのは、恐らく、料理人として洋食店で働いた経験からではないかと思います。私が修業した老舗の洋食店では、味つけはできるだけシンプルにして、素材のおいしさを引き立てるよう調理していました。そのことから「一般的にスイーツは砂糖を使いすぎので

は？」と思うようになったのです。フルーツやナッツ、カカオ、乳製品など、スイーツに使用する素材にもそれぞれ特有の甘味や風味があるのに、砂糖を大量に加えることでそれらが感じられにくくなっている気がしたのです。

　そこで、糖質量を減らすにあたっては、まず、砂糖を思い切ってギリギリまで減らしました。さらに、砂糖と並んで糖質量の多い小麦粉は、糖質量の少ない、大豆粉やアーモンドパウダーに置きかえてみることにしました。すると、素材の風味が生きた、とてもおいしいおやつ&スイーツが作れるということがわかりました。

　こうして、この本で紹介している47品が次々と完成していきました。管理栄養士、パティシエ、料理人という、さまざまな仕事に携わってきたからこそ生まれた、私らしいものばかりです。

　健康に気をつけてほしい夫、ダイエットが気になる年頃の娘たち、いつまでもきれいでいたい友人たち、そして、おやつ&スイーツをこよなく愛するみなさんにおすすめしたい自信作ばかりです。この本が、みなさんのきれいと元気をサポートし、ティータイムをよりハッピーにするお役に立てることを心から願っています。

沼津りえ
Rie Numazu

PROFILE

管理栄養士・調理師・料理家・cook会(料理教室)主宰。大手食品メーカーに管理栄養士として勤務後、製菓・製パンの専門学校で基礎を学ぶ。老舗洋食店での修業を経て、2007年に料理教室をスタート。特別な材料を使わない、簡単でおいしく、おしゃれなレシピが大人気。親子、小中学生、大人向けに料理・ケーキ・パンなど多彩なクラスを開催している。また、書籍・雑誌などのメディアでも幅広く活躍中。著書に「糖質オフのラクやせレシピ」、「ちょこっとだけ漬けもの」(ともに学研プラス)「ラクやせ家ごはん」(世界文化社)

http://riecookcookcook.jp/

---

oyatsu & sweets

低糖質だからおいしい!「おやつ&スイーツ」

2019年12月23日 第1刷発行

著 者　沼津りえ
発行者　関 薫
発行所　株式会社K&M企画室
　　　　〒102-0074
　　　　東京都千代田区九段南1-5-6 りそな九段ビル5F
　　　　https://www.k-and-m.com

印刷・製本　株式会社美松堂

定価はカバーに表示してあります。

撮影　板野賢治
デザイン　渡邊貴志(ワタナベデザイン)
スタイリング・天板製作　沼津そうる
イラスト　かくたりかこ
撮影協力　UTUWA AWABEES
編集協力　瀬戸由美子
校正(日本語)　山﨑淳子
校正(欧文メニュー名)　Robert Freeman

造本には十分注意しておりますが、乱丁・落丁(本のページ順序の間違いや抜け落ち)の場合はお取り替えいたします。購入した書店名を明記して株式会社K&M企画室あてにお送りください。
ただし、古書店で購入したものについては、お取り替えできません。
本書の一部あるいは全部を無断で複写・複製することは、法律で認められた場合を除き、著作権の侵害となります。
また、業者など、読者本人以外による本書のデジタル化は、いかなる場合でも一切認められませんのでご注意ください。

©Rie Numazu 2019 Printed in Japan
ISBN978-4-909950-02-4 C0077